안다는 착각

WAKATTA TSUMORI DOKKAIRYOKU GA TSUKANAI HONTOU NO RIYUU
by Katsuhiko Nishibayashi
ⓒ Katsuhiko Nishibayashi, 2005
All rights reserved.
Original Japanese edition published by Kobunsha Co., Ltd.
Korean translation rights arranged with Kobunsha Co., Ltd.
through BC Agency, Seoul.

이 책의 한국어 판 저작권은 BC에이전시를 통해
저작권자와 독점계약을 맺은 북21에 있습니다. 저작권법에 의해
한국 내에서 보호를 받는 저작물이므로 무단전재와 복제를 금합니다.

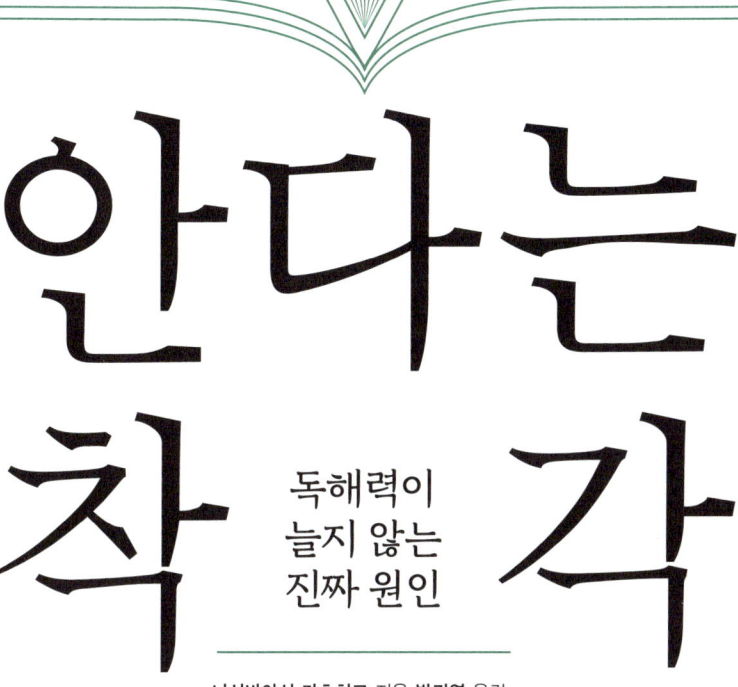

안다는 착각

독해력이
늘지 않는
진짜 원인

니시바야시 가츠히코 지음 **박귀영** 옮김

• 서문 •

《안다는 착각》은 글을 더 잘 읽기 위해서는 어떻게 하면 좋은지를 설명한 책이다.

사실, 글을 더 잘 읽으려고 할 때 가장 큰 장애가 되는 것은 자신이 이미 '안다'라고 여기는 상태다.

이렇게 말하면 위화감을 느끼는 사람이 있을지도 모르겠다. '아는' 것이 왜 장애가 된다는 걸까? 오히려 앞으로 나아가기 위한 발판이니 중요하지 않을까? 이렇게 생각할 것이다.

글을 한 번 읽었는데 '모른다' 싶을 때는 분명 '아는' 것이 중요하다. 모르는 단어나 표현을 조사하고, 때로는 문법적인 지식을 동원해 알고자 노력할 것이다. 우리는 '모르는' 상태에 예민하다. 그리고 알려면 어떤 노력을 해야 할지 방향도 비교적 쉽게 찾는다. 이는 이대로 분명 맞다.

그런데 우리가 생각해 볼 것은 글을 한 번 읽고 나서 '안다'

라고 여기는 상태다. 한 번 읽고 나면 마치 '아는' 것처럼 생각되지만, 사실은 그렇게 잘 알지 못하는 상태라는 것을 깨닫는 경우는 비일비재하다. 그렇기 때문에 글을 더 잘 읽을 필요가 있다.

하지만 반대로 생각하면, '아는' 것으로 여기는 상태란 '모르는' 것이 없기 때문에 '안다'라고 여긴다는 점이다.

그러므로 더 잘 읽기 위해서는 '모르는' 것을 토대로 삼는 방법은 안 된다. '모르는' 것이 없는 상태일 때는 어느 쪽으로 노력해야 더 잘 읽을 수 있을까? 사실은 어떻게든 그 시점에서 자신이 '안다'라고 여기는 상태를 부숴야만 한다. 이런 의미에서 불충분한 '아는' 상태, 다시 말해 '안다는 착각'에 빠진 상태는 우리가 극복해야 할 커다란 장애물이다.

이 책의 흐름을 순서대로 따라가면 '안다는 착각'이 더 잘 읽는 데 장애가 된다는 것을 납득할 수 있을 테고, 여기서 어떻게 벗어나야 하는지도 방향을 잡을 수 있으리라 생각한다.

　2004년 12월 국제학업성취도평가(PISA) 결과가 공표되고, 각종 미디어에서 '독해력 저하'라고 대대적으로 보도한 일이 아직도 기억에 생생하다. 이 평가의 과제는 논점 정리나 비판적 기술을 요했기 때문에 통상적인 상황에서 일본어를 쓸 때의 독해력과는 다른 것이 사실이다. 그래서 이 점을 강조하며, 저조한 성적을 옹호하는 의견도 있었다.

　하지만 어떻게 표현하든, 이런 유형의 능력이 앞으로의 사회에서 필요해지리란 것은 분명하다. 당연히 비판적으로 읽고, 기술하는 능력을 갖추는 것이 바람직하다. 이를 위해서는 피상적으로 아는 수준에 머무르지 않고, 더 잘 읽을 수 있는 능력이 필수다. 이런 점에서 이 책이 독해력 문제를 해결하는 데 조금이나마 도움이 되기를 바란다.

수업실천연구회인 '센다이월일회(仙台月いち会)'의 활동이 이 책을 쓰는 데 큰 도움이 됐다. 야마자키 세이지(山崎誠二), 니토베 미키오(新渡幹夫), 오자와 세이쇼(男澤清勝), 가키누키 다카히사(柿沼隆久), 무라타 마사유키(村田雅之)를 비롯한 활동적인 회원들에게 힘입은 바가 크다. 또한 학부생, 특히 데이터 처리 등을 도와준 2004년 졸업생들에게 감사하다. 마지막으로 집필을 권하고, 묵묵히 지켜봐 준 고분샤 모리오카 준이치(森岡純一) 씨에게 진심으로 감사드린다.

• 차례 •

서문 ··· 4

Part 1
어째서 '읽기'가 깊어지지 않을까

◆◆ 01 짧은 이야기를 읽어보자 ··· 15
여보세요 엄마 | 모르는 부분은 없었는가 | 개체 식별하기 |
아기 고양이들의 성별 | 성격과 통화 내용 | 더 나아가 보자

◆◆ 02 '모른다'와 '안다' 그리고 '더 잘 안다' ··· 28
적재적소 | '읽기'의 깊이를 더해 주는 것 | 무의식중에 지식을 사용한다 |
'안다'와 '모른다' | 정리

◆◆ 03 '안다는 착각'이란 난처한 상태 ··· 37
'더 알고 싶다'라고 생각하지 않은 이유 | '모르는' 상태 |
'아는' 상태는 일종의 안정 상태 | '읽기'라는 행위에 장애가 되는 것

Part 2

'읽기'에서 문맥의 작용

◆◆01 문맥을 모르면 '이해하지 못한다' … 47
문법도 단어도 아는데…… | 스키마 | 활성화 | 문맥 |
그림이 없으면 알 수 없는 이야기 | 문맥에서 얻는 정보

◆◆02 문맥으로 의미를 끌어낸다 … 60
이해 가능한 글 | '실업자'라는 문맥 | '주식중개인'이라는 문맥 |
'안다'와 '끌어낸 의미' | '부분의 기술'과 '문맥'과 '도출된 의미'

◆◆03 문맥의 적극적 활용 … 69
문맥의 큰 힘 | '안다는 착각'과 문맥 | '개체 식별'이라는 문맥 |
'읽기'에 공헌하지 않는 문맥도 있다 | 다양한 문맥 활용

Part 3

이것이 '안다는 착각'이다

◆◆01 '전체적인 분위기'라는 마물 1 … 81
안정 상태는 '정체' 상태 | 긴 문장 읽기 | 잘 읽었는지 알아보기 위한 질문 |
쇼소인의 보물 | 날조된 대답

◆ 02 '전체적인 분위기'라는 마물 2 … 100

이란에서 들어온 물건의 비율 | 당이나 일본에서 이란풍 공예품을 만들었다 |
'형태'와 '문양' | 단락 간 구조 | '형태'라는 문맥 안에서의 의미 |
간단히 오독을 유발한다

◆ 03 '안다는 착각'의 강력함 … 114

보물의 출처 | 복제품 | 역시 '세계의 보고' | 모순이나 의문의 '효용'

Part 4

다양한 '안다는 착각'

◆ 01 '안다는 착각'에 빠지게 만드는 '범인'들 … 126

틀렸는데 왜 '안다는 착각'에 계속 빠져 있을까 | 내용을 '어긋나게' 한 이유 |
문맥의 침입 | 틀린 '안다는 착각' | 부분을 읽지 않는다

◆ 02 문맥의 마력 … 138

'결과로부터'라는 안다는 착각 | '처음부터'라는 안다는 착각 |
'여러 가지'라는 안다는 착각 | '읽기'에 깊이를 더하기 위한 작업 |
'목적·기능'과 '구조·설비'는 대응하는가 | '글에 없는 것'을 생각하기 위해서는 |
'여러 가지가 있다'라는 문맥의 마력

◆ 03 스테레오타입 스키마 … 154

스키마를 보다 강력하게 쓰는 법 | 스테레오타입 스키마의 마력 | 이야기 스키마 |
'선한 것'의 마력 | '무난'이라는 것의 마력 | '궁금증'을 느끼게 하는 것은 무엇인가 |
'무던'한 스키마

Part 5

'안다는 착각'을 부수는 법

◆◆ 01 '안다는 착각'에서 탈출 … 173
'안다는 착각' 상태를 인식한다 | '마물'의 존재를 철저히 살핀다 | '허세'에는 각별히 주의 | 문맥의 효과를 재고한다 | '읽기'의 진전 과정 | 끝없는 탐구

◆◆ 02 해석의 자유와 제약 … 184
보다 긴밀한 관련 | 객관적인 사실에 의한 긴밀화 | 상정에 의한 긴밀화 | 정합성이라는 것 | 다른 부분과의 정합성 | '맞음'의 함정

◆◆ 03 시험 문제를 풀어보다 … 200
대학입시센터 시험 문제 | 문제의 해법 | 상식으로 선택한다? | 솔직한 설문 | 국어 교육에 대한 한 가지 제안

◆◆ 04 정리 … 212

인용 문헌 … 216

Part 1

어째서 '읽기'가 깊어지지 않을까

01
짧은 이야기를 읽어보자

여보세요 엄마

    시작부터 뜬금없지만, 이 귀여운 이야기를 한번 읽어봐 주길 바란다. 초등학교 2학년 교과서에 실렸던 글이다. 개인적으로 좋다고 생각했는데, 개정이 이루어지면서 빠져 버렸다. 다 읽고 나면 어떤 이야기였는지 잠시 반추해 보길 바란다.

 여보세요 엄마

구보 타카시(久保喬)

유미네 집에서 아기 고양이가 세 마리 태어났습니다. 엄마 고양이 다마가 젖을 먹이며 소중히 돌보고 있었습니다.

아기 고양이의 이름은 미케와 시로와 도라입니다.

이윽고 세 마리는 조금 자랐습니다. 엄마 고양이와 함께 마당을 산책하거나 방 안에서 놀 정도로요.

어느 날 장난꾸러기 미케가 전화 수화기 줄을 물고 당기려는데 "따르릉, 따르릉" 하고 전화벨이 울리기 시작했습니다.

깜짝 놀란 아기 고양이들은 테이블 밑으로 기어들어 갔습니다. 그때 유미가 와서 "괜찮아, 모두 어서 나와" 하고 말했습니다.

유미의 친구인 겐이 건 전화였습니다.

그로부터 한 달쯤 지난 어느 아침, 다마가 "냐앙, 냐앙" 하고 울면서 허둥거렸습니다. 아기 고양이 세 마리를 찾고 있었습니다.

유미가 "아이 참 가엽게. 다마, 아기 고양이들은 이미 다른 집에 줘 버렸어" 하고 말해도, 다마는 하루 종일 밥도 거의 먹지 않고 여기저기 찾아다녔습니다. 밤이 깊어졌는데도 좀처럼 자려고도 하지 않았습니다.

유미와 어른들은 모두 잠이 들었습니다.

얼마 뒤 "따르릉, 따르릉" 하고 벨이 울렸습니다. 유미의 장난감 상자 속 전화기가 저절로 울리기 시작한 것입니다. 유미는 일어나지 않습니다. 다마가 전화기 쪽으로 다가가 수화기를 들었습니다.

"냐앙, 냐앙, 여보세요. 누구세요."

그러자 수화기 저편에서 말하는 소리가 들렸습니다.

"냐아, 냐아. 엄마, 나야."

"아이고, 우리 미케 왕자구나. 얘야, 지금 어디니?"

"응, 나는 겐네 집에 왔어. 겐이 내 목에 멋진 리본을 달아줬어. 엄마한테도 보여주고 싶은데."

"그래, 그랬구나. 좋았겠구나. 앞으로도 모두에게 예쁨 받을 수 있도록 의젓하게 있어야 한다. 손톱으로 다다미를 긁거나 맹장지를 찢거나 그럼 안 돼."

"응, 알았어. 그럼 또 전화할게, 엄마."

전화가 끊겼습니다. 엄마 고양이는 기쁜 듯이 눈을 비볐습니다.

조금 뒤, 또다시 따르릉 하고 전화가 걸려 왔습니다. 다마가 수화기를 들었습니다.

"냐아, 냐아. 여보세요. 엄마?"

"냐앙. 아아, 이 목소리는 시로구나."
"엄마, 나는 이제 시로가 아니야. 메리라고 해. 새로 온 집 할머니가 이름을 지어줬어."
"그래, 좋은 이름이구나. 상냥한 할머니 같구나."
"응, 할머니는 지금까지 외톨이였어. 이제 내가 와서 더 이상 쓸쓸하지 않아. 오늘은 말이야, 뜨개질을 도와줬어."
"그래, 잘 도와드리렴. 허둥거리지 말고. 밥 먹을 때는 생선 가시 조심하고."
"응, 엄마. 내일 밤에 또 전화할게. 안녕히 주무세요."
메리와의 통화가 끝나자, 곧이어 따르릉 하고 세 번째 벨이 울렸습니다.
"냥, 냥. 여보세요. 엄마, 나야, 나."
"아, 도라구나. 우리 왕자, 어디 있니?"
"길모퉁이에 있는 과자 가게야. 나는 가게를 보고 있어. 여기는 장난꾸러기 쥐들이 가끔 나타나거든."
"그렇구나, 장하구나. 똑 부러지게 하렴, 도라."
"응, 열심히 할게, 엄마."
아이들과 이야기를 나눈 엄마 고양이는 한동안 가만히

앉아 있었습니다. 그러더니 마음이 놓인 듯 숨을 내쉬고는 자리에 누웠습니다.

다음 날 아침, 유미가 눈을 떴을 때도 다마는 아직 잠을 자고 있었습니다.

"어머나, 다마가 아기 고양이를 더 이상 찾지 않네. 벌써 잊은 걸까?"

유미는 말했습니다. 다마가 한밤중에 장난감 전화기로 아기 고양이들과 통화했다는 것을 모르기 때문입니다.

따뜻한 해님이 툇마루에서 자는 엄마 고양이를 비춰 주고 있었습니다.

모르는 부분은 없었는가

자 여러분이 어떻게 읽었는지 궁금하다. 아마도 너무나 사랑스러운, 꽤 좋은 이야기라고 느꼈으리라. 이런 분위기에 찬물을 끼얹고 싶지는 않지만, 두 가지를 확인해 주길 바란다.

하나는 **모르는 부분은 없었는가** 하는 것이다. 아마 모르는 단어도, 모르는 문법도 당연히 없었으리라 생각한다. 또 전체적인 이야기에 대해서도 모르는 부분은 없었으리라. 정말 그런지 확인해 주길 바란다.

왜 이렇게 너무나 당연한 것을 굳이 확인할까? 의아할 것이다. 사실은 이 '모르는 부분은 없었다'는 것이 뒤에서 다룰 내용과 크게 상관있기 때문이다. 그러니 지금은 조금 이해가 되지 않더라도 확인해 두자.

또 하나 확인할 것은 다음과 같다. 지금 현재 '아는 상태'이긴 하지만, **이 이야기를 더 알고 싶은가** 하는 것이다. 질문을 바꿔서, 지금 현재 이해하는 방식 이상의 것이 있을 법하지는 않은가, 혹은 지금의 이해 방식에 불만은 없는가, 이렇게 생각해도 좋을 것 같다.

아마 '더 잘 알고 싶은 욕구'를 그렇게까지 강하게 느끼는 사람은 별로 없을 것이다. 지금 이상의 이해 방식이 있을지도 모르지만, 현재 상태에 그렇게까지 불만은 없으리라. 독자 여러분은 실제로 어떻게 생각하는가? 이 점도 확인해 두길 바란다.

이런 것을 확인하라니, 이 역시 조금 기묘하다고 느낄 것이다. 첫 번째 확인과 마찬가지로 앞으로 다룰 내용과 관계있으므로, 지금은 조금 이해가 되지 않더라도 확인해 두길 권한다.

개체 식별하기

자, 이야기로 돌아가 보자. "어떤 이야기였나?"라는 질문을 받으면, 어떤 식으로 대답할 수 있을까? '사라진 아기 고양이를 걱정하던 엄마 고양이가 아기 고양이들의 전화를 받고 다들 잘 지내는 것 같아 안심한 이야기'라는 대답이 돌아올 것 같다. 고양이를 좋아하는 독자도, 그렇지 않은 독자도 있을 테니 다소 차이는 있겠지만, 대체로 이와 비슷하게 생각하지 않을까?

그럼 "엄마 고양이는 어떤 아기 고양이와 무슨 이야기를 나눴는가?"라는 질문은 어떨까? 단편적인 기억은 떠오를지 모르지만, 그리 확실하지는 않을 것이다. "아기 고양이마다 대화 내용의 분위기가 달랐나?"라는 질문은 어떨까? 엄마 고양이가 아기 고양이마다 해 줄 법한 말을 해 준 것 같은데, 그렇게 서로 다른 것 같지는 않았다. 대부분 이렇게 생각하지 않을까?

그래서 아기 고양이 '미케', '시로', '도라'에 대한 표를 준비했다. 글을 다시 읽으면서 빈칸을 채워보자.

이 역시 차차 나눌 이야기와 관계있으니 서두르지 말고, 간단해도 괜찮으니 빈칸을 꼭 채워보길 권한다.

표 1-1

이름	미케	시로	도라
성별			
성격			
보내진 곳			
아기 고양이가 한 말			
엄마 고양이가 한 말			

아기 고양이들의 성별

다들 빈칸을 채웠으리라 생각하고, 이야기를 이어나가 보겠다.

이제부터 독자 여러분이 글의 어떤 점에 주목하고, 거기서 무슨 생각을 했는지 추정해 보겠다. 이 추정은 내 개인적인 경험, 주로 대학생을 대상으로 실시한 조사, 초등학교 2학년을 대상으로 한 실제 수업 등에서 얻은 상당한 양의 데이터를 토대로 한 것이다. 그러므로 독자 여러분이 실제로 한 작업과 그리 큰 차이가 없으리라 자신한다. 아마 독자 여러분은 다음과 같이 작업했을 것이다.

우선 성별부터 살펴보자. 성별은 이야기에서 직접적으로 언급되지 않았다. 그래서 아기 고양이들과 엄마 고양이가 나눈 대화에 주의를 기울였을 것이다.

미케의 경우, 다음과 같은 대화를 나눴다.

"냐아, 냐아. 엄마, 나야."
"아이고, 우리 미케 왕자구나. 애야, 지금 어디니?"

엄마 고양이가 '왕자'라고 부르는 것에 주목해, 미케는 수컷으로 생각했으리라. 시로의 경우는 어떨까?

"냐아, 냐아. 여보세요. 엄마?"
"냐앙. 아아, 이 목소리는 시로구나."
"엄마, 나는 이제 시로가 아니야. 메리라고 해. 새로 온 집 할머니가 이름을 지어줬어."

시로의 새로운 이름은 메리로 여성적이다. 이 부분에 주목해 암컷이라고 생각하지 않았을까?
도라의 경우는 분명 미케와 같은 이유로 수컷이라고 추정했을 것이다.

성격과 통화 내용

다음은 성격을 살펴보자. 독자 여러분은 성격을 알기 위해 어떤 작업을 했을까? 미케에 대해서는 이야기 시작 부분에 다음과 같은 설명이 있으니 간단했을 것이다.

어느 날, 장난꾸러기 미케가 전화 수화기 줄을 물고 당기려는데…….

즉 미케는 장난꾸러기다. 시로와 도라는 어떨까? 아마도 빈칸을 채우기 어려웠을 것이다. 왜냐하면 둘의 성격을 추측할 수 있는 부분이 잘 보이지 않았을 테니 말이다. 그렇다면 이 문제는 잠시 제쳐 두고, 다음으로 넘어가자. 미케에 대해 좀 더 생각해 보자.

미케는 겐네 집에 있다고 했다. 그리고 겐이 리본을 달아줬다고 엄마 고양이에게 알렸다. 그랬더니 엄마 고양이는 이렇게 말했다.

"그래, 그랬구나. 좋았겠구나. 앞으로도 모두에게 예쁨 받을 수 있도록 의젓하게 있어야 한다. 손톱으로 다다미를 긁거나 맹장지를 찢거나 그럼 안 돼."

리본을 달아줬다는 이야기에 "그래, 그랬구나. 좋았겠구나"라고 말한 것은 매우 자연스럽다. 하지만 그러고 나서 "손톱으로 다다미를 긁거나 맹장지를 찢거나 그럼 안 돼"라는 엄마 고양이의 대답이랄까, 주의는 뜻밖이지 않은가? 겐이 리본을 달아준 것과는 아무 상관도 없다.

"그래, 그랬구나. 좋았겠구나"와 "손톱으로 다다미를 긁거나, 맹장지를 찢거나 그럼 안 돼" 사이에 엄마 고양이는 이렇게 말했다. "앞으로도 모두에게 예쁨 받을 수 있도록 의젓하게 있어야 한다"라고 말이다.

그렇다면 이렇게 생각해 보면 어떨까? 미케는 장난꾸러기다. 이를 감안하면, 엄마 고양이가 "의젓하게 있어야 한다"라고 주의를 주는 것은 타당해 보이지 않은가? 그리고 그 의젓하게 있는 것에 대한 구체적인 내용으로 "손톱으로 다다미를 긁거나 맹장지를 찢거나 그럼 안 돼"라고 말하는 것이 아닐까?

어쩌면 유미네 집에 있는 동안, 그런 일이 있었는지도 모르겠다. 이 부분에 대해서 독자 여러분 역시 '있을 법한 일'이라며 어느 정도 지지해 주리라 생각한다.

더 나아가 보자

엄마 고양이는 아기 고양이들에게 각각의 성격에 맞춰 대응했을 가능성이 있다. 이런 관점에서 시로와 도라의 경우를 살펴보자.

할머니가 사는 집으로 간 시로는 이름이 바뀐 것과 자신이 와서 할머니가 더 이상 쓸쓸하지 않다는 것, 뜨개질을 도와드렸다는 것을 알린다. 그러자 엄마 고양이는 "그래, 잘 도와드리렴. 허둥거리지 말고. 밥 먹을 때는 생선 가시 조심하고"라고 대답한다. 이 대답의 전반부는 아기 고양이가 알린 내용과 대응한다. 그러나 후반부는 아기 고양이가 알린 내용에 대한 대답치고는 너무 뜻밖이다. 미케 때와 마찬가지다.

따라서 "허둥거리지 말고. 밥 먹을 때는 생선 가시 조심하고"는 엄마 고양이가 시로의 성격을 잘 알기 때문에 해 주는 말이라고 생각할 수 있지 않을까? 내용이 꽤 구체적인 것을 보면, 유미네 집에 있을 때 실제로 생선 가시 때문에 문제가 생긴 적이 있었는지도 모른다. 이런 식으로 생각하며 통화 내용에 주목하면, 시로의 성격은 '덤벙이'일 것 같다는 느낌이 든다.

마찬가지로 도라에 대해서도 통화 내용을 살펴보자.

길모퉁이에 있는 과자 가게로 간 도라는 가게를 보고 있다고 말한다. 그러면서 "장난꾸러기 쥐들이 가끔 나타나거든"이라고 덧붙인다.

이 말은 들은 엄마 고양이는 "그렇구나, 장하구나. 똑 부러지게 하렴, 도라"라며, 다른 두 고양이에 비해 짧게 답한다. 엄마 고양이는 "그렇구나, 장하구나" 하고 대꾸하고, 바로 "똑 부러지게 하렴"이라고 말을 잇는다. 즉 도라에게는 다른 두 고양이와 다르게 주의를 주지 않는다. 이를 통해 엄마 고양이가 도라를 신뢰한다는 사실을 엿볼 수 있다고 생각하는데, 독자 여러분 생각은 어떤지 궁금하다.

어쨌든 도라가 하는 일도 그렇고, 엄마 고양이의 대답도 그렇고, 도라가 '똑 부러지는 성격'임을 드러내는 것이 아닐까?

02
'모른다'와 '안다' 그리고 '더 잘 안다'

적재적소

독자 여러분이 아기 고양이 세 마리에 대한 표를 채우는 작업을 하면서, 앞서 서술한 것과 같은 일이 있었으리라 짐작해 본다. 그 정도까지는 아니었다고 생각하는 독자가 있을지도 모르겠다. 반대로 거기까지는 생각하지 못했지만 방향은 맞았다는 독자도 있을지 모르겠다. 어쨌든 대략 앞서 서술한 것 같은 작업이 이루어졌으리라 생각한다. 이를 전제로 이야기를 더 진전시켜 보자.

참고로 초등학교 2학년 어린이를 대상으로 앞서 제시한 표를 채우는 수업을 했는데, 다들 활발하게 의견을 내며 분위기가 꽤 무르익었다.

만약에 아기 고양이들이 지금과는 다른 집으로 서로 보내 졌다면 큰일 났을지도 모른다는 이야기도 나왔다. 예를 들어 시로가 길모퉁이에 있는 과자 가게로 보내졌다면, 쥐를 전혀 잡지 못했을 거라고 말이다. 도라는 리본이나 할머니 말 상대로는 어울리지 않는다는 이야기도 나왔다. 이를테면 '적재'가 '적소'로 보내졌다고나 할까.

이 '적재적소'라는 관점에서 보면 이런 생각도 할 수 있지 않았을까? 전화를 끊고 난 엄마 고양이에 대해 다음과 같은 설명이 이어진다.

아이들과 이야기를 나눈 엄마 고양이는 한동안 가만히 앉아 있었습니다. 그러더니 마음이 놓인 듯 숨을 내쉬고 자리에 누웠습니다.

"한동안 가만히 앉아"는 아이 고양이들이 보내진 곳들의 상황을 반추하고 있기 때문이 아니었을까? 그리고 그렇게 반추하면서 '적재적소'라 느끼고, "마음이 놓인 듯 숨을 내쉬"지 않았을까? 엄마 고양이가 깊이 안도했음을 느낀 사람은 나뿐일까?

'읽기'의 깊이를 더해 주는 것

자, 이야기로 돌아가자. 맨 처음에 이야기를 한 번만 읽었을 때의 해석과, 세 마리 아기 고양이에 대한 표를 채우는 작업을 마쳤을 때의 해석 사이에 차이가 있는가?

무엇보다 독자 대부분이 분명 '읽기'가 깊어졌다는 인상을 받았을 것이라 생각한다.

처음 읽었을 때는 전혀 신경도 쓰지 않았던 표현이, 표를 채워가면서 비로소 고려의 대상이 되지는 않았는가? 예를 들어 성별을 조사하는 작업을 하면서 처음으로 '왕자'라는 표현을 알아차리지는 않았는가?

처음 읽을 때 엄마 고양이가 아기 고양이 각각의 '성격'을 감안해서 말했다는 사실을 알아차렸는가? 이를 알아차린 것은 성격과 관련있을 법한 부분을 찾아서 대화 내용을 확인하는 도중이지는 않았나?

'적재적소'라는 것은 아기 고양이의 성격을 확인하거나 아기 고양이가 한 말을 읽는 과정에서 비로소 알아차리지 않았는가?

이처럼 처음 읽었을 때에 비해, 우리의 '읽기'는 분명 깊어졌으리라. 그렇다면 이제 문제 삼고 싶은 것은 **무엇이 영향을 미쳤기에** 이렇게 '읽기'가 깊어졌다고, 또는 이전보다 잘 알게 됐다고 느끼는가 하는 점이다.

아기 고양이와 엄마 고양이의 대화를 구체적으로 생각해 보자. 처음에는 그리 특별할 것 없는 대화라고 여겼는데, 이제는 상황 보고와 그에 대한 응답, 조금 더 말하자면 자신의 상황을 이야기한 아기 고양이의 성격을 고려한 주의 사항이었구나 하고 느끼게 됐으리라. 왜냐하면 아기 고양이가 하는 말과 엄마 고양이가 하는 말 사이에 관계가 생겼기 때문이다.

조금 더 정확하게 말하자면, 처음 읽을 때도 아기 고양이가 한 말과 엄마 고양이가 한 말을 전혀 관련짓지 않은 것은 아니다. 하지만 그 관계는 명확하지 않아서, 대화가 부자연스럽지 않고, 딱히 뭔가 엇나가는 느낌은 아니며, 대체로 일관성이 느껴지는 정도였다고 생각한다. 그것이 표를 채우는 작업을 거치면서, 아기 고양이가 한 말과 엄마 고양이가 한 말 사이에 필연적이라고 할 수 있는, 긴밀한 관련성이 생겨난 것이다.

더 잘 이해된다거나 더 잘 알게 된 느낌이 드는 까닭은 글의 부분과 부분 사이에 긴밀성이 높아졌기 때문이다.

무의식중에 지식을 사용한다

조금 더 근본적으로 생각을 정리해 두자. 글이나 문장을 안다는 것은 대체 무슨 뜻일까? 부분과 부분의 관계를 중심으로 생각해 보자. 다음 예문은 브랜스포드와 존슨 등의 연구에서 나온 것이다. 여기서 그들의 예문을 활용해 설명하려는 내용은, 그들이 예문을 만든 애초의 취지와는 상당히 동떨어져 있다. 하지만 아주 좋은 예문이기에 활용하고자 한다.

우선 다음 문장을 살펴보자.

> 샐리가 다림질을 해서, 셔츠는 깔끔했다.
>
> (Bransford and Johnson, 1973 등)

이 문장은 이해할 수 있다. 관계가 명확하다. 즉 앞쪽이 원인이고, 뒤쪽이 결과다. 그러므로 이 문장은 전혀 생각하지 않고도, 또는 관련된 배경지식을 전혀 동원하지 않아도 이해할 수 있다.

하지만 자세히 생각해 보면 그렇지 않다. 앞쪽이 원인이고, 뒤쪽이 결과임을 확신하는 것은 우리가 다리미가 뭔지를, 또 다림질의 효용을 알기 때문이다. 이런 **지식을 무의식적으로 사용**

하는 것이다. 이 말에 의문을 느끼는 독자는 다음 문장을 살펴봐 주길 바란다.

샐리가 다림질을 해서, 셔츠는 구깃구깃했다.

이 문장은 생각하지 않고는 이해할 수 없다. 약간의 노력이 필요하다. 일반적인 다림질의 효용을 토대로 하면, 이 문장의 앞쪽은 뒤쪽의 원인이 될 수 없다. 따라서 이 문장을 이해하기 위해서는 샐리가 다림질에 서툰 사람이라는 가정을 끌어들이지 않으면 안 된다. 그래야 비로소 앞쪽이 뒤쪽의 원인이 될 수 있다.

'안다'와 '모른다'

조금 더 어려운 예문을 들어보자.

동전이 없어서, 차를 끌고 가 버렸다.

어떤가? 이해하기 어려울 것이다. 앞쪽과 뒤쪽 사이가 연관이 없어 보이기 때문에 이해할 수 없는 것이다. 이때 '파킹미터

(parking meter)'라는 말이 등장하면 앞쪽과 뒤쪽이 관련지어지고, 바로 "아아, 그렇군" 하고 알게 된다. 파킹미터에 넣을 동전이 없어 그대로 주차해 뒀더니 견인차가 끌고 가 버렸다는 식으로 앞뒤를 관련지어 문장을 이해하게 된 것이다.

감이 좋은 사람이라면 파킹미터를 떠올릴 수 있을지도 모르겠다. 그래서 더 어려운 예문을 소개해 보겠다. 이 예문이라면 아마 틀림없이 '모르는 상태'에서 '아는 상태'로의 이행을 경험할 수 있을 것이다.

천이 찢어져서, 건초 더미가 중요했다.

"천이 찢어져서"만이라면 알겠다. "건초 더미가 중요"하다는 것도 겨울 목장을 생각하면 이해가 간다. 그런데 이 문장에서는 천이 찢어지는 것이 건초 더미가 중요한 것의 원인이어야만 한다. 그렇지만 앞쪽과 뒤쪽이 관련지어지지 않기 때문에 문장의 의미를 이해할 수 없는 것이다.

이때 '낙하산'이라는 단서가 주어진다면 어떨까? 낙하산 천이 찢어져서, 사람인지 물체인지는 알 수 없으나, 어쨌든 낙하 속도가 커져 땅에 거세게 부딪칠 것 같은 상황이 그려지기 시작한다. 그때 건초 더미가 충격을 완화하는 중요한 역할을 할 것이란 이야기다.

정리

앞서 제시한 예문들을 보고, 각 부분이 서로 관련지어지느냐 아니냐가 '안다'와 '모른다'를 가른다는 것을 납득했으리라 생각한다. 그리고 관련짓는 데 있어, 우리가 문장 내용에는 없는 '다림질의 효용'이나 '파킹미터', '낙하산'에 관한 다양한 지식을 동원한다는 사실도 이해했으리라.

이제까지 '모른다', '안다', '더 잘 안다'에 관해 알게 된 지식을 정리해 보자.

① 글이나 문장에서 각 부분이 서로 관련지어지지 않으면 '모르는' 상태가 생긴다.
② 각 부분이 서로 관련지어지면 '아는' 상태가 된다.
③ 각 부분의 관계가 전보다 더 긴밀해지면 '더 잘 아는', '더 잘 이해한' 상태가 된다.
④ 각 부분을 서로 관련짓기 위해, 우리는 반드시 글에서 기

술되지 않은 부분에 대한 지식, 스스로 만들어 낸 상정·가정을 동원한다.

〈여보세요 엄마〉의 경우에는 '아기 고양이가 말한 것'과 '엄마 고양이가 말한 것'의 관계가 이전보다 긴밀해진 결과, '더 잘 이해한' 느낌을 받을 수 있었다. 이것이 바로 ③에 해당한다. 이 부분과 부분을 더 잘 관련짓기 위해 아기 고양이 각자의 '성격'을 동원한 것이다. '성격'을 가정한 경우도 있었다. 이는 ④에 해당한다.

03
'안다는 착각'이란 난처한 상태

'더 알고 싶다'라고 생각하지 않은 이유

　몇 번이나 거듭 말하지만 〈여보세요 엄마〉를 처음 읽은 시점과 아기 고양이 세 마리에 관한 표를 채우는 작업을 끝낸 시점에는 이야기에 대한 해석 차이가 있었으리라. 무엇보다 독자 대부분이 분명 '읽기'가 깊어졌다는 인상을 받았을 것이다.

　그 말인즉 '읽기'가 깊어진 시점에서 처음 읽었을 때를 되돌아보니, 자신의 '읽기'가 '부족했다'든가 '불충분했다'라고 여긴다는 뜻이다. '읽기'가 깊어졌다고 느끼는 것은, 그 시점에서 되돌아보면 이전의 상태는 '읽기'가 얕았음을 의미할 테니 말이다.

　그렇다면 이제 〈여보세요 엄마〉를 처음 읽고 나서, 내가 약간 기묘할 수도 있으나 확인해 달라고 요청했던 것을 떠올려 보자.

하나는 '모르는 점은 없었다'는 것, 또 하나는 그 시점에서 '자신이 이해하는 방식에 그리 불만은 없다', '보다 더 알고 싶은 욕구는 그리 크지 않다'는 것이었다.

처음 읽었을 때는 이 정도로 충분하다고 생각했는데, 나중에 되돌아보니 충분하지 않았던 것이다. 나중에 생각하니 불충분한 상태였음에도 불구하고, 그 시점에서는 왜 '보다 더 알고 싶은 욕구'가 없었을까?

그 대답은 간단하다. 나중에 생각하니 불충분했지만, 처음 읽은 시점에서는 '모르는 점이 없었기' 때문이다. 그 시점에도 **부분과 부분 사이에 어떤 관련이 지어져 '아는' 상태였기** 때문이다. 예를 들어 처음 읽었을 때도 아기 고양이가 말한 부분과 엄마 고양이가 말한 부분 사이에 '대화가 부자연스럽지 않다, 딱히 뭔가가 엇나가는 느낌은 아니다, 어쩐지 통일감이 느껴진다'와 같은 정도로는 관련지었을 것이다. 그렇게 되면 '아는' 상태가 된다는 것은 이미 설명한 대로다.

'모르는' 상태

우리는 '모르는' 상태를 예민하게 알아차린다. 그리고 알기 위해서 어느 방향으로 노력해야 하는지도 비교적 쉽게 알아낸다.

한 가지 시험을 해 보자. 다음 문장을 살펴봐 주길 바란다. 백과사전에서 발췌한 것이다.

　24절기는 태음태양력을 써 온 중국 역법의 경우, 각 달을 결정하고 계절을 알기 위한 표지였다.

〈헤이본샤,《세계대백과사전》제2판〉

'24절기'라는 것은 입춘, 우수, 경칩, 춘분, 청명, 곡우 등 태양의 위치를 나타내는 스물네 가지 용어이다. 요즘에는 텔레비전 일기예보 같은 데서도 "오늘은 24절기 중 경칩으로……"라는 말을 사용하기 때문에 단어 자체는 꽤 친숙하다. 그런데 예문은 24절기에 대한 설명인데도 어떤가? 역(曆)에 흥미나 관련 지식이 있는 사람이라면 모르겠지만, 그렇지 않은 대다수 사람은 모르지 않을까?

"표지였다"의 국어적 의미는 당연히 알겠지만, "각 달을 결정"한다는 표현은 기묘하게 느껴지지 않는가? 달은 1월부터 12월까지 순서가 정해져 있는데, 굳이 "각 달을 결정"할 필요가 있을까? 이런 의문이 들지 않는가?

    또 태음태양력이라는 것도 생소하지 않을까 싶다. 태양력이라면 우리가 현재 쓰니 당연히 알 것이다. 태양을 기준으로 한 달력이다. 또 태음력은 음력이라고 하는 편이 익숙할지도 모르지만, 달을 기준으로 한 달력이라는 것은 아마도 많은 사람이 알리라 생각한다. 그렇지만 이 둘을 이어 붙인 태음태양력이라는 말은 아마도 생소할 것이다. 이런 식으로 모르는 것이 있어 문장 전체를 잘 모르는 것이다.

'아는' 상태는 일종의 안정 상태

    그럼 태음태양력을 조사해 보자. 같은 백과사전에서 다음과 같이 설명하고 있다. 달이 차고 기우는 것을 기준으로 하면 1개월은 "29일 반 정도, 12개월은 354일밖에 되지 않는다. 1태양년보다 11일 정도 부족하다. 3년이면 33일이나 날짜와 계절이 어긋나고 만다. 그래서 2년이나 3년에 한 번, 어느 달을 2개월간 유지해 1년을 13개월로 만들어, 계절과 날짜의 어긋남을 1개월이내로 줄이고자 하는 것이 태음태양력이다. 여분으로 끼워 넣는 달을 윤달이라 하고, 19년 동안 일곱 번 윤달을 넣으면 적당하다"라고 되어 있다.

이 윤달을 어디에 둘지 정하기 위해, 또 '우수'가 있는 달이 음력 정월이 되고, '춘분'이 있는 달이 음력 2월이 되는 것처럼 "각 달을 결정"하기 위해 24절기가 쓰이는 것이다.

이런 지식을 얻음으로써 앞의 예문을 꽤 잘 '알게' 된다. '모른다'에서 '안다'로 이르는 이 작업은 모르는 것을 조사해 가면 되기 때문에 방향을 정하기가 쉽다.

하지만 '아는' 상태는 일종의 안정 상태다. 어떤 의미에서 '모르는 부분이 발견되지 않은' 상태라고 할 수 있다. 따라서 '안다'에서 '더 잘 안다'로 이르는 작업의 필요성을 느끼지 못하는 상태이기도 하다. 얕은 이해에서 빠져나오기가 골치 아픈 것은 그 상태가 '모르는'이 아니라 '아는' 상태이기 때문이다.

'읽기'라는 행위에 장애가 되는 것

불충분했음을 뒤늦게 깨닫는 이해 방식을 이제부터는 '안다는 착각'이라 부르기로 하자. 거듭 말하지만, 이 '안다는 착각' 상태도 일종의 '아는' 상태이기 때문에 '모르는 부분이 발견되지 않았다'는 의미에서 안정 상태다. 모르는 경우에는 바로 그 부분을 탐구하기 시작하지만, '모르는 부분이 발견되지 않았'으므로 그러지 않는 경우가 대부분이다.

일반적으로 '읽기'라는 행위의 장애물은 '모르는' 것이라고 생각한다. '모른다'에서 '안다'로 이르는 과정에서는 그렇다. 그러나 '안다'에서 '더 잘 안다'로 이르는 과정에서 '읽기'라는 행위의 가장 큰 장애물은 '안다는 착각'이다. '안다는 착각'이 거기서 더 나아가고자 하는 탐구 활동을 방해하기 때문이다.

우리는 모국어 능통자다. 일반적으로 초등학생 정도 되면 상당히 능통하다. 따라서 어느 정도는 '읽을 수 있다'. 이런 사람들이 스스로 '더 잘' 읽고 싶다고 생각하고, 또 그런 사람들의 문장 이해 향상을 돕고자 한다면, '안다는 착각'이란 상태의 존재를 명확하게 의식하고, 그런 상태에서 어떻게 하면 탈출할 수 있는지를 확실히 알아야 한다.

〈여보세요 엄마〉의 경우에 '안다는 착각' 상태는, 지금 돌이켜보면 어딘지 미흡하고 막연하기는 하지만 해석적으로 틀린 부분은 없었다. 하지만 '안다는 착각' 상태에는 '틀린 것'도 적잖이 존재한다. 그 실태와 대책은 제3장과 제4장에서 다루고자 한다.

'안다는 착각' 상태는 내버려두면 나아지지 않는다. 매우 의도적인 대책을 마련하지 않으면 탈출은 어렵다고 생각해야 한다. 〈여보세요 엄마〉의 경우에는 처음 읽은 단계에서 '그럭저럭 아는' 상태까지 '읽기'가 진전돼 버리고 말았다. 이런 경우, 내버려두면 해석 레벨은 당연히 심화되지 않고 그 자리에 머문다. 아기 고양이 세 마리에 대한 표를 채우는 작업은 이에 대한 의도적인 대책이었다.

Part 2

'읽기'에서
문맥의 작용

01
문맥을 모르면
'이해하지 못한다'

문법도 단어도 아는데……

이런 상황을 생각해 보자. 당신 친구 2명이 로비 안쪽 자리에서 열심히 이야기를 나누고 있다. 당신이 다가가자, 두 사람은 잠시 기다려 달라고 한 뒤 그대로 이야기를 이어 나간다. 처음에 당신은 두 사람이 무슨 이야기를 하는지 전혀 알 수가 없다. 단어 하나하나는 알지만, 무엇에 대해 이야기하고 있는지 모르기 때문에 종잡을 수가 없다.

하지만 조금 더 듣다 보니, 당신은 두 사람이 하는 말 여기저기에서 '아아, 그 이야기구나' 하고 짐작 가는 것을 떠올린다. 그 순간 그들이 하는 이야기 전체를 이해할 수 있게 된다.

이런 경험을 한 적이 없는가? 이를 심리학적 실험으로 만들면 어떻게 될까? 다음 문장을 읽어보자. 이번에도 역시 브랜스포드와 존슨이 쓴 것으로 꽤 완성도가 있다.

신문 쪽이 잡지보다 좋다. 장소는 길거리보다 해안 쪽이 좋다. 처음에는 걷기보다는 달리는 편이 낫다. 몇 번이고 시도하지 않으면 안 될 것이다. 약간의 요령이 필요하지만, 쉽게 익힐 수 있다. 어린이도 즐길 수 있다. 일단 성공하면 신경 쓸 일이 적다. 새가 너무 가까이 다가오는 일은 거의 없다. 다만 비는 금방 스며든다. 너무 많은 사람이 한꺼번에 이것을 하면 성가실 수 있다. 각각에 상당한 공간이 필요하다. 성가신 일만 없다면 한가롭다. 앵커 대신 돌을 사용할 수 있다. 느슨해져서 물체가 빠지면 그것으로 끝이다.

(Bransford and Johnson, 1972)

글은 읽을 수 있지만, 무슨 이야기인지는 종잡을 수가 없을 것이다. 모르는 문법이나 단어는 없다. 하지만 모르겠다. '무슨 이야기'인지 모르기 때문이다.

이때 '연을 만들어 날리는' 것에 대한 이야기라는 말을 들으면, 그 순간 모든 의문이 얼음 녹듯 풀리지 않는가? 왜 "처음에는 걷기보다는 달리는 편이 낫다"는 것인지 짐작도 가지 않았지만, "아아, 연을 날릴 때 뛴다는 소리구나" 하고 납득이 간다. 연을 띄울 때까지는 힘들지만, 일단 띄우고 나면 그다음은 걸을 필요도 없다. 또 "각각에 상당한 공간이 필요하다"는 말은 '다른 연과 부딪히거나 연줄이 엉키지 않도록' 하기 위해서라는 것 역시 간단히 이해할 수 있다.

스키마

이 간단한 실험을 토대로 생각을 전개해 보자.

일단 **무슨 이야기인지를 모르면 이야기를 이해하지 못한다**는 것부터 시작하자. 그 이유는 뭘까? 이 질문을 거꾸로 생각하면 알기 쉬울지도 모르겠다. 우리는 무슨 이야기인지 알면 왜 이해할 수 있게 될까?

이 글의 경우, 우리가 알게 된 것은 '연을 만들어 날린다'는 사실뿐이다. '연을 만들어 날린다'는 말에 포함된 정보만으로 글을 이해할 수 있게 된 걸까? 그렇지 않다. 애초에 우리에게 연에 관한 여러 가지 지식이 있었기 때문에, 이 지식을 활용해 이해할 수 있었던 것이다.

이에 의문을 느낀다면, 연에 관한 지식이 없는 사람이 '연'에 관한 이야기라는 단서가 주어지는 것만으로 이 글을 이해할 수 있을지 어떨지 상상해 보길 바란다. 바람이 약할 때는 달려서 날려야 한다는 것을 모르면 "처음에는 걷기보다는 달리는 편이 낫다"는 내용을 이해할 수 있을 리 없다. 상공 쪽이 바람이 거세기 때문인지, 연은 일단 뜨면 그다음은 비교적 수월하다. 이를 모르고서 "일단 성공하면 신경 쓸 일이 적다"는 내용을 이해할 수 있을까?

무슨 이야기인지를 알고 나면, 우리는 그때까지 종잡을 수 없었던 글을 이해할 수 있게 된다. 글을 처리할 때 연에 관한 지식이 쓰이기 때문이다. 제1장에서 '다림질의 효용', '파킹미터', '낙하산'에 관한 지식을 활용해 부분과 부분을 관련지음으로써 내용을 이해할 수 있게 된다고 설명했다. 지금 설명하는 내용 역시 똑같다. 연에 관한 지식이 "연을 띄우는 '첫' 단계"와 "달리는 편이 낫다"를 관련지어 준다. "일단 성공하면(띄우면)"이라는 부분과 "신경 쓸 일이 적다"라는 부분 역시 똑같은 과정이 이루어진다.

'읽기'에서 문맥의 작용

이 글의 경우는 '연에 관한 지식'이지만, 이처럼 우리 안에 이미 존재하는 뭔가에 대한 지식 꾸러미를 심리학, 특히 인지심리학에서는 일반적으로 '스키마(schema)'라고 부른다.

즉 무슨 이야기인지 단서를 얻으면 어느 '스키마'를 활용하면 좋을지 알기 때문에, 그것을 이용해 글을 처리할 수 있게 된다. 따라서 '무슨 이야기인지 모르면 이야기를 이해하지 못하'는 것은 어느 '스키마'를 사용해야 좋을지 모르기 때문인 것이다.

활성화

'스키마'는 '우리 안에 이미 존재하는 지식 꾸러미'라고 설명했다. 여기서 '연의 스키마'는 우리 안에 이미 존재하는데도, 왜 그 영문 모를 글을 읽을 때 바로 도움이 되지 않았을까 하고 의문을 느끼는 사람이 있을지도 모르겠다. 도움이 됐어야 하지 않나 생각하는 것이다.

이에 대해서는 그게 당연한 법이라고밖에 말할 수 없는 부분이 있다. 조금만 설명해 보도록 하겠다.

우리 뇌에는 엄청나게 많은 지식이 존재한다. 자연과학, 패션, 문학, 가전제품, 동물 등에 대한 것들이다.

사람은 '○○을 아는가?'라는 질문을 받으면, 어떻게 그 즉시 '모른다'라고 대답할 수 있을까? 이것에 의문을 품은 심리학자들이 여러 가지 재미있는 연구를 했다. 머릿속을 구석구석 스캔한 결과, 그런 지식이 존재하지 않는다는 의미로 '모른다'라고 대답하려면, 질문 하나에 '모른다'라고 대답할 수 있을 때까지 몇 주가 걸릴지도 모른다고 생각했기 때문이다.

그 정도로 우리가 가진 지식은 방대하다. 따라서 그 지식을 단숨에 전부 쓸 수가 없다. 단숨에 의식하는 것도 불가능하다. 그렇기 때문에 지식의 일부를 끄집어내 쓰는 방식을 취한다. 상황에 맞춰 지식 일부를 끄집어내는 것, 또는 지식 전체 중 일부분에 스포트라이트를 비춰 도움이 되도록 하는 것을 '활성화'라고 부른다. 심리학에는 기억의 어느 한 영역을 사전에 활성화시켜 두면 그 부분의 반응이 빨라진다는 '프라이밍(priming)'이란 실험 분야도 있다.

'무슨 이야기'인지에 해당하는 이야기 내용에 관한 지시나 단서는 특정 '스키마'를 '활성화'시킨다. 연에 대한 이야기라는 것이 알려지면 연의 '스키마'가 활성화되고, 그 결과 읽는 이가 글을 처리할 수 있다.

문맥

'무슨 이야기인지 모르면 글을 이해할 수 없다'와 같이, 지금까지 '무슨 이야기'라는 말을 써 왔는데, 이를 인지심리학에서는 '문맥'이라 부른다.

문맥을 일반적인 사전에서 찾아보면 다음과 같이 설명되어 있다. "글 안에서 단어의 의미가 이어지는 상태. 글 안에서 문장과 문장이 이어지는 상태. 비유적으로 맥락, 배경 등을 뜻하기도 한다"(《고지엔》 제5판). '문맥'의 '문'은 '글월 문(文)' 자인데, 문장이나 글의 영역을 넘어 비유적으로 조금 더 넓은 의미로 쓰인다.

또 사전에 따르면 '문맥'은 "문장과 문장이 이어지는 상태"이므로, '무엇'과 '무엇'이 '이어지는 상태'를 의미한다. 다만 '이어지는 상태'를 생각해 내려면 이 '무엇'들이 '이어지기' 위한 '배경과 상황'이 필요하다.

그렇다면 이렇게 바꿔 말하는 편이 나을지도 모르겠다. '무엇'과 '무엇'이 이어질 수 있는 까닭은 앞의 '무엇'과 뒤의 '무엇'이 같은 '배경과 상황'을 공유하고 있기 때문이다. 그러므로 인지심리학에서처럼, 문맥을 '일이나 정보 등이 놓인 배경과 상황'이라고 생각하는 편이 좋을 것이다. 이 '배경과 상황'에 의해 '이어지는 상태'가 생긴다고 보는 편이 더 일반성을 띤다고 생각하기 때문이다.

이제 '문맥', '스키마', '활성화' 같은 용어를 복습할 겸 지금까지의 내용을 정리해 두자.

앞서 예로 든 글을 읽을 때 이해할 수 없었던 까닭은 '문맥'을 몰랐고, 따라서 '스키마'를 발동시킬 수 없었기 때문이다. 이런 상황에서 '연을 만들어 날린다'는 '문맥'이 제시되면 우리는 무의식적으로, 거의 저절로, 연에 관한 '스키마'를 '활성화'시켜 글을 처리하기 시작한다. 그 결과, 부분과 부분을 관련지어 이해하게 된다.

그림이 없으면 알 수 없는 이야기

'문맥'을 알 수 없는 글을 하나 더 읽어보자. 이 글 역시 브랜스포드와 존슨의 실험 자료다. 이 실험은 이 분야에서는 고전이라 여겨질 정도로 유명하다.

 어쨌든 모든 것이 너무 멀기 때문에, 풍선이 터지면 소리는 원하는 층까지 닿지 못할 것이다. 건물들은 대부분 잘 차폐돼 있기 때문에 창문이 닫혀 있으면 역시 닿을 수 없을 것이다. 작전 자체는 전류가 안정적으로 흐를지 어떨지에 달려 있기 때문에 전선이 끊기면 문제가 생길 것이다. 물론 남자는 소리를 지를 수도 있지만, 인간의 목소리는 그렇게 멀리까지 가 닿을 만큼 크지 않다. 부가적인 문제는 악기 줄이 끊어질지도 모른다는 점이다. 그러면 메시지에서 반주가 빠져 버린다. 거리가 가까우면 좋은 것은 분명하다. 그러면 문제가 생길 가능성이 적다. 얼굴을 맞댄 상태라면 문제가 그리 크지 않을 것이다.

(Bransford and Johnson, 1972)

매번 그렇지만, 처음 읽어서는 '모르겠다'라고 느낄 것이다. 그리고 그 이유는 '모르는 단어나 문법이 있기 때문이 아니'라는 것을 여기서도 확인해 두자. 브랜스포드와 존슨이 이 실험을 한 취지는 '문맥'의 필요성에 대한 실증이다.

어떤 그룹에는 글에 나오는 사물들의 관계를 알 수 있는 그림(그림 2-1)을 먼저 30초 동안 보여줬다. 그러고 나서 글을 들려줬다. 이 그룹은 글을 축자적으로 재현하고, 이해하는 데서 좋은 성적을 보였다.

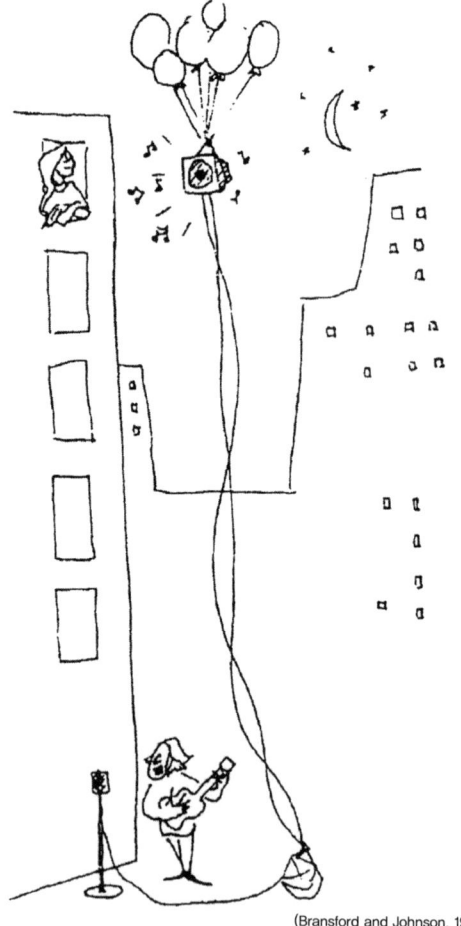

(Bransford and Johnson, 1972)

그림 2-1

'읽기'에서 문맥의 작용

이에 비해 다른 그룹은 우리처럼 그림을 보지 못한 상태로 글을 들었다. 이 그룹의 성적은 현저히 나빴다.

사전에 그림(문맥)을 보면 잘 알 수 있다. 그림을 보지 못하면 모른다. 문맥은 필수다. 이것이 브랜스포드와 존슨이 실험을 한 목적이다.

이는 맞는 말이지만, 여기에 조금 더 덧붙이고 싶은 것이 있다.

문맥에서 얻는 정보

그림 2-1을 본 다음, 다시 한 번 글을 읽어보자. 처음에는 알 수 없었던 각각의 내용들이 제각기 의미를 얻고, 전체적인 내용이 뚜렷해지는 것을 실감할 것이다. 잘 만든 예시라고 생각한다.

앞서 '문맥'이 '스키마'를 '활성화'시키고, 그 스키마가 글을 처리하는 데 쓰이면서 글을 이해할 수 있게 된다고 설명했다. 그런데 이 풍선에 대한 글은 꼭 그뿐이라고는 할 수 없다.

"어쨌든 모든 것이 너무 멀기 때문에, 풍선이 터지면 소리는 원하는 층까지 닿지 못할 것이다"라는 첫 문장을 예로 들어 보자.

이 문장을 이해하기 위해서는 ⓐ와 같은 지식과 ⓑ와 같은 정보가 필요하다.

- ⓐ 풍선에 수소 등을 집어넣고 주둥이를 묶으면 부력이 생긴다. 부력으로 물건을 띄울 수 있다. 풍선은 터지면 부력을 잃는다.
- ⓑ 풍선으로 스피커를 띄워 원하는 층 근처로 보낸다. 목적하는 층은 최상층으로, 음악을 연주하고 있는 지상과는 거리가 있다.

ⓐ는 우리 안에 이미 있는 지식이다. 반대로 말하면, 글이나 그림에 의해 주어진 문맥 어디에도 존재하지 않는다. 내용을 이해하기 위해 이런 내용의 스키마가 작동한다고 할 수 있다.

ⓑ는 어떨까? 스피커를 풍선으로 띄우는 것에 관한 지식이 이미 머릿속에 존재한다고는 생각할 수 없다. 이것들은 그림에서 주어진 맥락에서 얻는 정보다.

'연'에 대한 글에서는 '연을 만들어 날리는' 것에 대한 이야기라는 말만 듣고도 내용을 이해할 수 있다. 하지만 이 '풍선'에 대한 글은 그렇지 않다. '풍선'이나 '스피커'라는 말만 들어서는 글을 이해할 수 없다. '풍선'이나 '스피커'로 발동되는 스키마만으로는 글을 이해하기에 충분하지 않기 때문이다.

ⓐ와 같은 스키마를 토대로 한 지식과 ⓑ와 같은 문맥에서 얻을 수 있는 정보가 함께 작용함으로써 "어쨌든 모든 것이 너무 멀기 때문에, 풍선이 터지면 소리는 원하는 층까지 닿지 못할 것이다"라는 문장을 이해할 수 있게 된다.

앞에서 제시한 '연'에 대한 글은 발동된 스키마만으로 이해할 수 있다. 그러나 이것만 강조해서는 불충분하다. 즉 문맥에 따라 어떤 스키마를 사용해야 하는지가 분명해지면, 그 문맥을 토대로 스키마가 문맥에서 얻을 수 있는 정보와 공동으로 작동하는 것이라고 말해야 한다고 생각한다.

02

문맥으로
의미를 끌어낸다

이해 가능한 글

　지금까지 '문맥을 모르면 글을 이해할 수 없다'라고 설명했다. 문맥이 확실해져야 비로소 활용해야 할 스키마를 확정할 수 있기 때문이다. 그만큼 문맥이 가진 힘은 크다.

　그런데 사실 문맥의 작용은 더욱 다채롭고 강력하다. 이번 절에서는 이 부분을 확인해 보자.

　우선 다음 글을 읽어보자. 역시 브랜스포드와 존슨이 고안한 것으로, 바로 이해할 수 있는 내용이니 안심하길 바란다.

　남자는 거울 앞에 서서 머리를 빗었다. 모르고 깎지 않은 수염은 없는지 신중하게 얼굴을 점검하고, 수수한 넥타이를 맸다. 아침식사 자리에서 신문을 꼼꼼하게 읽고, 커피를 마시면서 아내와 세탁기 사는 문제를 논의했다. 그러고 나서 전화를 몇 통 걸었다. 집을 나서면서, 아이들은 여름 캠프에 또 가고 싶어 하겠다는 생각을 했다. 차가 움직이지 않아 내려서 문을 쾅 닫고, 화가 난 채로 버스 정류장을 향해 걸었다. 이미 지각이었다.

(Bransford and Johnson, 1973)

이 글은 물론 이대로 이해할 수 있다. 어떤 이야기냐고 묻는다면, '남자의 아침 외출 준비'라는 공통의 배경과 상황을 생각할 수 있다. 거꾸로 말하면 각 부분은 이 문맥에서 벗어나지 않으므로, 부분과 부분을 관련지어 이해할 수 있다.

이제 문맥을 좀 더 상세하게 만들어 보자. '남자의 아침 외출 준비'인 것은 마찬가지이지만, 그 남자가 '실업자'라고 상정해 보는 것이다. 그럼 '실업자'라는 문맥으로 다시 한 번 글을 읽어 보자.

'실업자'라는 문맥

남자가 '실업자'라는 단서가 주어지니 어떤가? 어쩐지 이전보다 '더 잘 이해했다'는 느낌이 들지 않는가? 이전에 읽었을 때에 비해 구체적으로 뭘 했는지, 왜 그랬는지 등을 더 잘 추측할 수 있지 않은가?

예를 들어 좋은 인상을 주기 위해 평소에는 하지 않는 수수한 넥타이를 매고, 구인란을 보고 전화로 문의하고, 면접에 간다는 내용을 파악할 수 있으리라. 아마 세탁기도 사지 않을 것 같다. 아이들을 캠프에 보내는 것도 무리일 것 같은 느낌이 든다.

해석이 조금 과한지도 모르지만, 이런 생각을 할 수도 있겠다 싶지 않은가? 아무래도 문맥이 보다 상세하게 지정되면, 그만큼 많은 스키마가 발동되기 쉬운 것 같다. 여기서는 실업으로 인해 구직 활동을 하지 않으면 안 된다는 것, 신문에 구인 광고가 실린다는 것, 구직 활동에 면접은 필수라는 것, 면접에서 좋은 인상을 줄 필요가 있다는 것, 경제적으로 어려워지고 있다는 것 등등의 지식이 사용되고 있다. 이렇게 해서 각 부분을 보다 구체적으로 추측할 수 있게 되면서 부분과 부분의 관계가 더 긴밀해지고, '더 잘 이해했다'는 느낌이 든다.

'실업자'라는 문맥으로 읽었을 때, 면접에서 좋은 인상을 주기 위해 옷차림을 단정하게 하고, 신문 구인란을 보고 전화로 문의하고, 면접에 간다는 내용을 거의 자동적으로 파악하리라 생각한다. 해석이 조금 과하지 않나 생각하는 사람이 있다면, 지나치지 않은 수준에서 생각하길 바란다. 그렇게 생각하는 사람이라도 그저 단순히 '남자의 아침 외출 준비'일 때 이상으로 내용을 파악했으리라. 그리고 이를 파악하는 과정은 '의식하지 못할 정도로 거의 자동적'이었다고 생각한다.

자동적으로, 아무 노력도 들이지 않고, 자연스럽게 이 내용들을 파악할 수 있기에, 이 내용들을 문맥이 시사하는 스키마를 써서 수고스럽게 끌어냈다고는 생각하기 어려울 정도다. 하지만 이 내용들은 파악할 수는 있지만, 글에 적혀 있지는 않다. 이런 의미는 문맥에 의해 도출되는 것이다.

'주식중개인'이라는 문맥

여기서 한 가지 시험을 해 보자. 앞서 소개한 〈남자의 아침 외출 준비〉에 나오는 남자를 이번에는 유복한 '주식중개인'이라고 생각하며 읽어보는 것이다.

그 결과, 각 부분에서 어떤 의미를 끌어낼 수 있을까?

옷차림을 단정하게 매만지는 것도, 수수한 넥타이를 매는 것도 평소 습관이란 느낌이 들지 않는가? 신문은 주식란이나 정치경제란을 읽고, 전화로 매매 지시를 내리거나 주식을 권하다가 집을 나선다는 의미를 끌어낼 수 있지 않을까? 아마도 세탁기를 살 것이고, 아이들도 캠프에 보내 줄 것 같다.

이처럼 문맥을 교환하면 부분에서 **끌어낼 수 있는 내용도 달라지는 것은 끌어낸 내용이 글에 적혀 있지 않기 때문**이라는 사실을 다시 한 번 확실히 알 수 있다.

문맥에 따라 수용자가 가진 스키마 중 무엇이 발동될지가 정해진다. 다시 말해 문맥이 달라지면 다른 스키마가 발동된다. '실업자'나 '주식중개인' 등 자세히 지정된 문맥이 수용자에게서 더 자세한, 그리고 다른 스키마를 발동시킨다. 그리고 같은 부분에서 다른 의미를 끌어낸다.

'실업자'와 '주식중개인'이라는 두 가지 문맥으로 각 부분에서 끌어낸 의미를 표(표 2-1)로 정리해 보자.

두 문맥에서 꽤나 다른 의미를 끌어냈다는 것을 알 수 있다. 어떤 것은 정반대가 되기도 했다.

표 2-1

	실업자	주식중개인
신문에서 읽은 내용	구인란	주식란, 정치경제란
수수한 넥타이	면접을 위해	이것이 일상
전화 내용	면접 약속	매매 지시 또는 권유
세탁기 구입	하지 않는다	한다

'안다'와 '끌어낸 의미'

지금까지 문맥이 어떻게 작용하는지를 생각하고, '문맥에서 의미를 끌어내는 작업'이 강력하다는 것을 확인할 수 있었다. 그렇다면 '문맥에서 의미를 끌어내는 작업'이라는 시점으로 '모른다'에서 '안다'로 이행하는 과정을 다시 한 번 검토해 보자.

'안다'라고 느끼는 상태를 설명하면서 제시했던 다음 문장을 떠올려 보길 바란다.

천이 찢어져서, 건초 더미가 중요했다.

'낙하산'이라는 문맥이 단서로 주어져서 이 문장을 이해하게 됐을 때 우리는 무엇을 하고 있었을까? '낙하산'이라는 문맥이 단서로 주어지자, 우리는 기존 지식을 발동해 "천이 찢어져서"라는 앞쪽에서는 낙하산에 쓰이는 천이 찢어져 공기 저항이 감소하고 '빠르게 낙하한다'는 의미를 끌어내지 않았을까?

그리고 "건초 더미가 중요했다"라는 뒤쪽에서는 건초 더미의 '푹신함'을 끌어내지 않았을까? 우리는 앞쪽과 뒤쪽에서 이런 의미들을 끌어내, '빠르게 낙하하기 때문에 푹신한 것이 필요'하다는 식으로 두 부분 사이를 관련지었던 것이다.

각 부분에서 끌어낸 이 의미들은 글 어디에도 기술되어 있지 않다. 끌어낸 이 의미들이 각각의 기술에서 유일하게 끌어낼 수 있는 것이 아니란 점이 이를 방증한다.

예를 들어 "천이 찢어져서"라는 기술에 대해 생각해 보자. 이 기술로부터 '빠르게 낙하한다'라는 의미를 항상 끌어낼 수 있을까?

"천이 찢어져서, 그는 뒤를 돌아봤다"와 같은 문장이 있다고 하자. 이 문장을 이해하기 위해서는 앞쪽의 "천이 찢어져서"에서 '소리가 났다'라는 의미를 끌어내야만 한다. 이 설명에서 항상 '빠르게 낙하한다'라는 의미를 끌어내야만 하는 것이 아니라는 뜻이다. "건초 더미가 중요했다"의 경우도 마찬가지다.

'부분의 기술'과 '문맥'과 '도출된 의미'

아는 상태가 됐을 때, 각 부분에서는 '문맥과 모순 없이 관련 지을 수 있고, 문맥을 통해 다른 부분과도 모순 없이 관련지을 수 있는 의미'가 도출된 것이다. 그렇지 않으면 아는 상태가 될 수 없다. 부분에서 '도출된 이 의미들'은 '부분의 기술'과 '문맥'을 잇는 기능을 한다. "천이 찢어져서, 건초 더미가 중요해졌다"라는 문장을 예로 들어, 이상의 관계를 표 2-2와 같이 나타냈다.

표 2-2

표 2-2에는 부분에서 '도출된 의미'가 '문맥'과 '기술' 사이에 적혀 있다. '도출된 의미'가 기술 그 자체와 거의 다르지 않은 경우에는 양쪽을 구별해 '도출된 의미'를 적을 필요를 별로 느끼지 못할지도 모른다. 하지만 문맥에 따라서 상당히 다른 의미가 도

출되는 경우가 실제로 있기 때문에, 원리적으로 양쪽은 다른 것이라고 여겨야 하지 않을까 생각한다.

표 2-2처럼 되고 나서야 비로소 '아는 상태'가 되는 것이라고 생각하면, 그 전에 '모르는 상태'일 때는 각 부분에서 양쪽을 관련지을 수 있는 의미를 끌어내지 못했다는 사실을 잘 알 수 있을 것이다.

03
문맥의
적극적 활용

문맥의 큰 힘

제2장에서는 다음과 같은 내용을 설명했다.

① 문맥을 모르면 '이해하지 못한다'.
② 문맥이 스키마를 발동시켜, 문맥에서 얻은 정보와 함께 작동한다.
③ 문맥이 각 부분의 기술에서 의미를 끌어낸다.
④ 문맥이 다르면 다른 의미가 도출된다.
⑤ 문맥에서 도출된 각각의 의미를 관련지음으로써 글을 이해할 수 있다.

문맥은 이처럼 다채롭고 큰 힘을 갖고 있다. 이 힘을 적극적으로 활용하지 않을 이유가 없다. 그렇다면 어떤 활용법들이 있을까?

제1장에서는 '안다는 착각'에 대해 설명했다. 그리고 그것이 '안다'라는 일종의 안정 상태인 것에 주의를 환기시켰다. 이 '안다는 착각' 상태에 빠져 있을 때, 제2장에서 설명한 문맥의 큰 힘을 활용할 수는 없을까?

제1장에서 소개한 〈여보세요 엄마〉로 돌아가서 생각해 보자. 〈여보세요 엄마〉를 처음 읽었을 때 우리는 '안다는 착각' 상태에 빠져 있었다. 이 '안다는 착각' 상태라는 안정 상태는 대체 어떤 것이었을까?

이를 알아내기 위해 문맥과 각각 기술된 부분들의 관계를 생각해 보자. 어떤 문맥을 썼을까? 각 부분에서 어떤 의미를 끌어냈을까?

'안다는 착각'과 문맥

우선 문맥을 살펴보자. 〈여보세요 엄마〉가 '어떤 이야기였나?'라는 질문을 받으면 '사라진 아기 고양이를 걱정하던 엄마 고양이가 아기 고양이들의 전화를 받고 다들 잘 지내는 것 같아 안심한 이야기'라는 대답이 돌아올 것 같다고 앞에서 이야기했다.

다소 길지만, 이 '사라진 아기 고양이를……'이라는 것이 우리가 처음 읽었을 때의 문맥이라고 생각하면 될 것이다.

그다음은 부분이다. 여기서는 아기 고양이 세 마리와의 대화 부분을 살펴보자. 우리는 앞서 말한 '사라진 아기 고양이를……'이라는 다소 대략적인 문맥을 사용해, 이 대화 부분에서 어떤 의미를 끌어냈을까?

우리는 아마도 '각각 연락이 왔고, 잘 지내는 것 같았다' 정도의 매우 간단한 의미를 끌어냈다고 생각한다. 이 '끌어낸 의미'는 세 마리 모두 비슷비슷했다고 생각한다. 그리고 '사라진 아기 고양이를……'이라는 문맥에서 어긋난 내용 없이 통일성을 갖췄다고 생각한다.

〈여보세요 엄마〉를 처음 읽었을 때의 '안다는 착각' 상태를 도식화하면 표 2-3처럼 표현할 수 있지 않을까? '연락이 왔고, 잘 지내는 것 같았다'라는 끌어낸 의미에 1, 2, 3을 붙여 뒀다. 이는 비슷비슷하지만, 각각 다른 '사례'임을 나타낸다. 엄마 고양이가 안심할 수 있는 재료가 된 사례1, 사례2, 사례3을 의미한다.

표 2-3

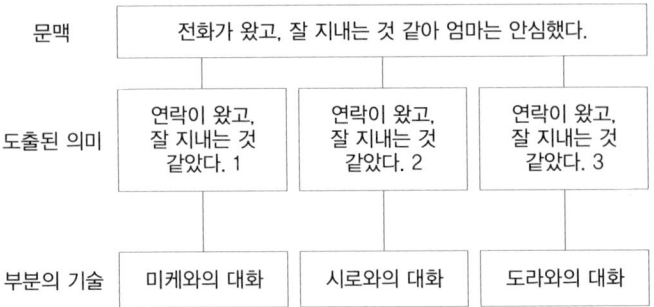

'개체 식별'이라는 문맥

표 2-3에 표현된 것과 같은 '안다는 착각' 상태에 대해, 우리는 아기 고양이 세 마리의 '개체 식별'을 시험해 봤다. '미케', '시로', '도라' 각각에 대해 성별, 성격, 보내진 곳, 아기 고양이가 한 말, 엄마 고양이가 한 말을 표로 나타내는 작업 말이다.

이 작업 도중, 우리는 아기 고양이와 엄마 고양이가 나눈 대화를 '아기 고양이의 보고'와 '아기 고양이의 성격을 감안한 엄마 고양이의 응답'이라는 새로운 '문맥'으로 살펴보게 됐다.

그 결과, 각각의 대화가 어떻게 다른지 확실히 인식할 수 있었다.

'미케'의 경우는 겐네 집에서 리본을 달아주는 등 예뻐한다는 이야기를 들은 엄마 고양이가 "그래, 그렇구나. 좋았겠구나"라고 대답하고 '장난꾸러기'임을 고려해 "앞으로도 모두에게 예쁨 받을 수 있도록 의젓하게 있어야 한다. 손톱으로 다다미를 긁거나, 맹장지를 찢거나 그럼 안 돼"라고 반응했음을 알아차렸다.

'시로'의 경우는 덤벙이에게 주는 주의다. '도라'에 관한 부분에서는 똑 부러지는 아이에게 보내는 격려를 파악할 수 있었다.

세 마리 모두 각기 다른 의미를 각 부분에서 끌어냈다고 할 수 있을 것이다. 이를 표 2-4로 표현했다. 표 2-3과 표 2-4를 비교하면, 전자에서는 대략적인 문맥이 각 부분에서 예시 정도의 의미를 끌어냈고, 후자에서는 보다 상세해진 문맥이 각 부분에서 상당히 확실한 의미를 끌어냈음을 잘 알 수 있다.

표 2-4

문맥	보고와 아기 고양이의 성격을 감안한 엄마의 응답		
도출된 의미	장난꾸러기에게 주는 주의	덤벙이에게 주는 주의	똑 부러지는 아이에게 보내는 격려
부분의 기술	미케와의 대화	시로와의 대화	도라와의 대화

이렇게 '개체 식별' 표를 채우는 과정에서, 우리는 전과 달리 더 상세해진 문맥을 사용해 부분에서 다른 의미를 끌어냄으로써 '안다는 착각'에서 탈출하고자 했다. 다채롭고 강력한 문맥의 활용 사례라고 생각한다.

'읽기'에 공헌하지 않는 문맥도 있다

다른 문맥을 사용하면, 전에는 거의 의식하지 못해 막연한 의미밖에 끌어내지 못했던 부분을 확실히 의식함으로써 해당 부분에서 보다 상세하고 명확해진 의미를 끌어낼 가능성이 높아진다. 다만 다른 문맥이라고 해서 뭐든 '읽기'를 진전시키는 데 공헌하는 것은 아니다. 효과가 있는 문맥과 그리 효과가 없는 문맥이 있다. 효과가 없는 문맥은 써 보고 아닌 것 같으면 그냥 포기하면 되기 때문에 그리 나쁠 것은 없다. 머릿속에 떠오르는 것으로 여러 가지를 시험해 보자.

〈여보세요 엄마〉에서 새로운 문맥 몇 가지를 시험해 보면 어떨까?

예를 들어 '계절'은 어떨까? 이 이야기는 배경이 언제일까? '계절'이라는 문맥을 사용해 다시 한 번 읽어보자.

읽어보니 어떤가?

"따뜻한 해님이 툇마루에서 자는 엄마 고양이를 비춰 주고 있었습니다"라는 부분에 주목한 사람이 많지 않을까? "따뜻한 해님"이니 햇살이 따가운 '여름'이나 햇살이 약한 '한겨울'은 아닐 것 같다. 대략 가을이나 한겨울을 제외한 겨울 또는 봄 정도가 아닐까?

또 시로가 보고한 내용 중 "오늘은 말이야, 뜨개질을 도와 줬어"라는 부분에 주목한 사람도 적지 않으리라 생각한다. '뜨개질'에서 '계절'이 느껴지기 때문이다.

고양이가 털실 뭉치를 갖고 노는 광경은 친숙하다. 그러므로 너무 어렵게 생각하지 않는다면, 이 '뜨개질'은 '털실'의 '뜨개질'일 것이다. 한창 추울 때나 추위가 지난 뒤에 털실로 옷이나 방한구를 뜨지는 않을 테니, 늦겨울이나 봄은 생각하기 어렵지 않을까? 그렇다면 이야기의 배경은 초겨울이나 가을 즈음이 유력해 보인다.

다양한 문맥 활용

또 '계절'이라는 문맥으로 〈여보세요 엄마〉를 다시 살필 때,

이야기 첫머리의 "유미네 집에서 아기 고양이가 세 마리 태어났습니다"에 주목한 사람도 있을지 모르겠다. '아기 고양이가 태어나는 시기는 정해져 있다'는 생각에서다. 동물이 태어나는 시기는 보통 정해져 있다.

사전에서 고양이를 찾아보면 "번식기는 일정하지 않지만, 발정은 1~3월과 5~6월에 많이 보인다"(헤이본샤, 《세계대백과사전》제2판)라고 나온다. 같은 사전에 "임신 기간은 63~65일"이라는 설명도 있다.

"번식기는 일정하지 않"으므로 언제든 태어날 수 있지만, 임신 기간과 이 이야기 속 시간 경과를 생각하면 발정이 많이 보이는 시기 중 1~3월은 무리고, 5~6월이라면 '뜨개질'을 하는 '가을'에 어느 정도 맞을 것 같다.

너무 무리하게 단정 지을 수는 없지만, 해당 부분에서 '계절'이란 문맥을 사용하면 이런 점도 고려할 수 있음을 기억해 두길 바란다. 이처럼 문맥의 효과는 큰 법이다.

자, 연습 문제를 하나 더 풀면서 자신을 시험해 보자.

예를 들어 '말'이라는 '문맥'이다. 이를 염두에 두고 다시 한 번 〈여보세요 엄마〉를 읽어보자.

"아기 고양이와 엄마 고양이는 전화 통화를 했는데, 무슨 언어로 대화를 나눴을까? 고양이 언어일까?"

"인간과 고양이는 말이 통할까?"

이런 점을 중심으로 읽어보길 바란다.

제1장에서는 우리가 '안다는 착각'이라는 상태를 극복해야 한다는 것, 제2장에서는 문맥의 다채롭고도 큰 힘을 확인했다. 그리고 다양한 '문맥'이라는 도구가 '안다는 착각'이라는 상태를 극복하는 데 효과적일지 모른다고 생각하게 됐다.

이제 어느 정도 준비가 된 듯하다. 제3장과 제4장에서는 지금까지 얻은 지식을 이용해 '안다는 착각'의 실제 상태와 이에 대응하는 법을 생각해 보자.

Part 3

이것이
'안다는 착각'이다

01
'전체적인 분위기'라는 마물 1

안정 상태는 '정체' 상태

 물론 정도의 차이는 있겠지만, 어쨌든 우리는 모국어 능통자다. 그렇게 난해한 문장이 아니라면 쓱 읽고 '알' 수 있다. 그리고 일반적인 읽기, 예를 들어 신문이나 잡지 기사, 인터넷 정보를 읽을 때는, 대부분의 경우 그 정도 이해 방식으로도 괜찮다고 생각한다.

 하지만 때때로 행간에 숨은 깊은 의미까지 읽어 낼 필요가 있거나, 논문을 비판적으로 검토해야 하거나, 해당 글을 토대로 응용이나 탐구를 해야 하는 경우가 있다. 쓱 읽고 '아는' 것 이상의 이해 방식이 요구되는 경우다. 이럴 때 '더 잘 아는' 데 장애가 되는 것은 글을 '모르는' 것이 아니라 글을 읽고 '안다는 착각'에 빠지는 것이다.

제1장과 제2장에서 봤듯이 '안다는 착각' 상태도 일종의 '아는' 상태였다. 부분과 부분을 나름대로 관련지어 '아는' 상태였다. '아는' 상태는 '모르는 부분이 없는' 상태라고 해도 될 것이다. '모르는' 부분이 있으면 바로 그 부분에서 곧장 다음 탐색이나 대응으로 넘어가겠지만, '모르는 것이 없'으니 좀처럼 손쓸 방도가 없다.

이런 의미에서 '아는' 상태는 좋게 말하면 일종의 '안정' 상태고, 나쁘게 말하면 '정체' 상태다. '안다는 착각'에서 '더 잘 아는' 상태로 이르는 작업의 필요성을, 본인이 느끼지 못하는 상태이기도 하다. 이런 의미에서 '안다는 착각'은 상당히 골치 아픈 존재다.

거듭 말하지만, 제3장의 목적을 다시 한 번 확실히 해 두자.

일반적으로 '읽기'라는 작업에 지장을 초래하는 것은 '모르는' 탓이라고 생각한다. 물론 '모르는' 상태에서 '아는' 상태로 이르는 과정일 때는 맞는 말이다. 하지만 '아는' 상태에서 '더 잘 아는' 상태로 이행하는 데 필요한 것은 '안다는 착각'을 극복하는 것이다. '안다는 착각'이 더 깊은 탐색 활동을 방해하기 때문이다.

'안다는 착각' 중에는 단순히 '읽기가 부족한 상태'인 경우도 있다. 제1장에서 〈여보세요 엄마〉를 처음 읽었을 때의 상태를 떠올려 보자. 이때의 '읽기'는 부족했을지는 모르지만, 잘못 해석하지는 않았다. 그러나 항상 '부족한 읽기' 때문에 '안다는 착각'에 빠지는 것은 아니다. '틀린 읽기'로 인해 '안다는 착각' 상태에 빠지는 경우도 적지 않다. 제3장에서는 이런 '안다는 착각'을 살펴보도록 하자. 이 점을 염두에 두고 다음을 읽어 나가길 바란다.

긴 문장 읽기

구체적인 예를 토대로 생각해 보자. 다음은 초등학교 6학년 국어 교과서에 실린 글이다. 6학년 교과서에 실린 글이라 꽤 길지만, 읽어보길 바란다. 뒤에서 몇 가지 질문할 것이니 나름대로 마음의 준비를 해 두길 바란다.

대학생 88명에게도 읽혀 봤다. 이들에게는 6분 안에 가능하면 두 번 읽었으면 좋겠다는 뜻을 전하고, 3분이 지났을 무렵에 3분이 남았다고 알렸다. 도중에 시간을 알린 것은 너무 열심히 정독한 나머지 끝까지 다 읽지 못한 사람이 생길 것을 우려했기 때문이다. 또 이들이 읽은 것은 교과서 복사본으로 지도 삽화, 보물 사진 등이 실려 있었지만, 유감스럽게도 이 책에는 시각 자료가 없다. 재미가 좀 없을지도 모르지만 잘 읽어주기를 바란다. 또 나중에 언급하기 쉽도록 각 단락 끝에 단락 번호를 달아 놨다.

쇼소인과 실크로드

나가사와 가즈토시(長沢和俊)

나라의 도다이지(東大寺) 숲 안쪽에 아제쿠라(校倉) 양식으로 지은 오래된 건물이 서 있습니다. 세계적으로 유명한 쇼소인(正倉院)입니다. 이 주위에는 원래 등유 창고, 쌀 창고 등 각종 창고가 있었습니다. 그중에서 가장 중요한 물품이 보관된 창고가 쇼소인으로, 다행히 쇼소인만은 현재까지 남아 있습니다.(1)

8세기 중반, 고묘(光明) 황후가 세상을 떠난 쇼무(聖武) 천황의 유품을 이 쇼소인에 수장(收藏)했습니다. 그 뒤에도 여러 차례, 도다이지의 보물이나 용구가 수장됐습니다. 그중에는 까마득한 옛날, 머나먼 이란에서 실크로드를 통해 중국에 전해진, 그리고 또다시 일본에까지 전해진 귀중한 문화재도 수장돼 있습니다. 이것들 대부분이 옛 모습 그대로 남아 있는 것은 매우 드문 일로, 지금은 '세계의 보고'라 불립니다.(2)

이 쇼소인에 남아 있는 약 중 몰식자(沒食子)라는, 지사제로 쓰던 약이 있습니다. 언뜻 보기에는 그리 특별할 것 없는 흙덩이 같습니다만, 표면에 작은 구멍이 나 있습니다.(3)

이를 갈라 보면 몰식자벌이란 벌이 들어 있는 경우도 있습니다. 몰식자는 이 벌이 너도밤나무 싹에 낳은 알 때문에 생긴 충영(蟲癭)이었습니다. 조사해 보니, 이 벌은 현재 이란과 튀르키예 지방에만 있는 벌과 완전히 똑같았습니다. 그러니까 이 몰식자는 이란에서 중국으로 수출되고, 그리고 또다시 일본으로 전해진 것입니다.(4)

사실 이란과 중국은 수천 년 전부터 실크로드를 통해

동서의 문화를 서로 전하고 있었던 것입니다. 여러 상인 대열이 오가면서 서쪽에서 동쪽으로는 유리나 옥, 금속기(金屬器), 향료, 보석 등이 전해졌고, 중국에서는 서방으로 비단, 금 등이 보내졌습니다. 비단은 영어로 '실크'라고 하는데, 이 비단이 서방으로 대량 수출되면서, 19세기에는 이 길을 '실크 로드(Silk Road)'라고 불렀습니다. (5)

7~8세기경은 실크로드를 중심으로 동서 교통이 가장 번성하던 시대였습니다. 서아시아 사람들이 서방의 진귀한 물건들을 낙타에 싣고 머나먼 당나라 도읍 장안으로 왔습니다. 그러고는 비단 등 산물을 갖고 간 것입니다. (6)

7세기 중반, 이란에서 번영하던 사산왕조페르시아가 새로 일어난 아라비아 군대에 무너졌습니다. 그래서 7세기 후반에는 사산왕조의 왕자들이 많은 부하와 함께 머나먼 당나라로 도망을 왔습니다. 이 때문에 장안에는 이란인이 많이 살게 되면서 이란풍 문화가 유행했

습니다.(7)

이란인 중 실력이 뛰어난 공예가는 궁정 안에 있는 공장에서 아름다운 이란풍 공예품을 속속 만들었습니다. 중국인 공예가도 이를 흉내 내 아름다운 공예품을 만들었습니다. 당나라 황제들은 이 뛰어난 공예품을 귀족이나 아끼는 부하에게 하사했습니다. 또 그즈음에 동아시아 각지에서 찾아온 사신들에게 선물로 주기도 했습니다. 일본도 수십 차례에 걸쳐 견당사와 많은 유학생, 유학승이 당나라에 다녀왔습니다.(8)

견당사는 장안에 도착하면 일본에서 가져간 선물을 당나라 황제에게 바치고, 그 답례로 이란풍 공예품을 잔뜩 받았습니다. 당나라에 오랫동안 살던 유학생, 유학승 역시 일본으로 많은 공예품을 보냈습니다. 이런 이들의 노력으로 뛰어난 공예품이 일본으로 수입된 것입니다.(9)

쇼소인의 보물 중 아무래도 이란의 물건인 것 같아 보

이는 아름다운 공예품이 많이 남아 있는 것은 이런 이유에서입니다.(10)

물론 보물 중에는 직접 당에서 온 것뿐만 아니라 일본에서 당의 공예품을 흉내 내 만든 것도 있습니다. 또 일본이 독자적으로 만든 뛰어난 공예품도 적지 않습니다. 하지만 이들 보물 중에서 오늘날 특히 유려한 아름다움에 마음을 빼앗길 것만 같은 물건은 이란풍 스타일이나 문양을 새긴 공예품입니다.(11)

예를 들어 새 부리 모양을 한 물병은 사산왕조페르시아의 물병과 똑같이 생겼습니다. 또 흰 유리 사발도 사산왕조의 사발과 꼭 닮았습니다. 이런 사발은 시리아의 팔미라라는 유적에서 발견한 조각에서도 볼 수 있는 등 서아시아에서는 널리 쓰였습니다. 은제 훈로는 의복에 향을 입히기 위한 것인데, 모양이 똑같은 것이 중국에서 나왔습니다. 또 쇼소인에는 아름다운 쌍륙판(雙六板)이 있는데, 이것도 똑같이 생긴 것이 중국의 신장 웨이우얼 자치구에 있는 마을인 투르판의 무덤에서

나왔습니다.(12)

그 밖에도 악기인 하프라든가, 오현비파, 사현비파 등도 서방에서 전래된 것이 분명합니다. 예를 들어 하프는 아시리아나 사산왕조의 부조에서도 볼 수 있습니다. 또 인도가 기원인 오현비파는 중국의 쿠처에 있는 커즈얼 천불동에 벽화로 그려져 있습니다.(13)

쇼소인의 보물은 형태가 외국의 물건과 꼭 닮았을 뿐만 아니라 이를 장식하고 있는 문양도 곳곳이 외국의 문양 그대로입니다.(14)

사산왕조페르시아의 접시에는 힘센 사자를 사냥하는 모습을 본뜬 문양이 자주 쓰였는데, 이 문양은 쇼소인의 은 항아리나 비단도 장식하고 있습니다.(15)

또 사산왕조의 접시 등에는 새가 끈이나 목걸이를 물고 있는 문양을 자주 볼 수 있는데, 이 역시 중앙아시아, 중국을 통해 쇼소인의 악기나 문양으로 전해졌습

니다.(16)

나무 한 그루를 사이에 두고 동물이 마주하고 있는 문양이나 나무 아래 미인이 서 있는 문양은 예로부터 서아시아에서 쓰였는데, 이것도 실크로드를 통해 일본에 전해져 쇼소인의 직물이나 병풍 등에서 볼 수가 있습니다.(17)

실크로드를 통해 전해진 것은 지금까지 서술한 것 같은 물건뿐만이 아닙니다. 인도에서 발원한 불교도 이 실크로드를 통해 널리 퍼졌습니다.(18)

2세기 후반부터 많은 승려가 서아시아에서 찾아와 중국 불교를 번성시켰습니다. 4세기부터는 중국인 중에서도 머나먼 인도로 떠나는 열성적인 승려가 생기기 시작했습니다. 이들은 불교의 고향인 인도에서 불교를 연구하고, 가능한 한 많은 경전을 모으려 노력했습니다.(19)

이런 사람이 수백 명이나 됐습니다. 하지만 대부분이 여행기도 남기지 않았기 때문에 그 이름이 잊히고 말았습니다. 겨우 5세기 법현, 7세기 현장의 이름만이 널리 알려져 있습니다. 이들이 열성적으로 노력한 끝에 많은 경전이 중국에 전해졌고, 불교의 가르침이 동아시아 여러 나라로 퍼져 나갔습니다. 그리고 이윽고 일본에도 전해진 것입니다.(20)

불교가 확산되자 사원을 짓는 건축가, 이를 장식하는 불상을 만들거나 벽화를 그리는 공예가, 음악을 연주하거나 춤을 추는 사람들도 찾아와 고대 일본 문화의 수준을 크게 끌어올렸습니다. 불교가 전래되면서, 나라라는 도시의 매력도 아름답고 화려하게 물들었습니다.(21)

19세기 후반이 되자, 많은 탐험가가 중앙아시아 각지를 찾아가 많은 문화재를 수집했습니다. 그리고 이것들을 연구한 결과, 지금 중국이나 한반도, 일본에 남아 있는 불교 미술이나 여러 공예품이 머나먼 서아시아나 인도

에서 전해졌다는 사실이 밝혀졌습니다. (22)

고대 여러 나라의 문화는 실크로드를 통해 오랜 역사를 거쳐 일본에 전해졌습니다. 쇼소인의 보물은 오늘날까지 소중히 남겨진 세계에서 단 하나뿐인 귀중한 문화재라고 할 수 있습니다. (23)

잘 읽었는지 알아보기 위한 질문

이 글을 읽은 대학생 88명(대부분이 3학년, 나머지는 4학년 이상. 남녀 비율은 거의 1 대 2)에게 다음 일곱 가지를 물었다. 이때 〈쇼소인과 실크로드〉 본문은 덮어 둔 채였다. 이 대학생들과 똑같이 다음 질문에 간단하게라도 답해 본다면 보다 실감 나게 읽을 수 있으리라 생각한다.

우선 세 가지를 물어보겠다.

질문1. 글에서 모르는 국어가 있었는가? 있었다면 무엇에 대해서였는지 간단하게 적어보자. 딱히 없는 경우에는

'딱히 없다'라고 적으면 된다.

질문2. 글에서 모르는 내용이 있었는가? 있었다면 무엇에 대해서였는지 간단하게 적어보자. 딱히 없는 경우에는 '딱히 없다'라고 적으면 된다.

질문3. 글을 간단하게 요약해 보자.

질문1, 2, 3은 모르는 부분은 없는지, 잘 읽었는지를 확인하는 것으로, 이 책에서는 거의 의식과 같다.

이 질문에 대한 답은 질문1과 질문2에서 '딱히 없다'라는 사람이 80% 전후였다. 나머지 사람 중 질문1에서 5%, 질문2에서 7%가 국어와 내용에 타당한 의문을 가졌는데, 이들은 매우 소수다. 나머지는 "사산왕조페르시아가 아라비아 군대에 왜 무너졌는지 모르겠다" 같은 다소 단발적인 의문을 가지거나 아예 답변하지 않았다.

질문3의 요약은 무응답 3%, '모르겠다' 1%를 제외하면, 그럭저럭 타당하게 적었다.

대략적으로 말해 대학생 피험자 대부분은 글을 잘 읽었고, 그다지 의문을 가지지 않았다.

자, 다음 질문이다.

질문4. 쇼소인이 '세계의 보고'라고 불리는 까닭은 무엇이라고 생각하는가?

"세계의 물건이 소장돼 있기 때문에"라고 대답한 사람이 94%로 압도적으로 많았다. '무응답', '모르겠다'가 3%였다. 나머지 2%는 매우 흥미로운 답변을 했는데, 이 부분은 뒤에서 다루겠다.

이 질문에 대해 대다수 독자 여러분도 대학생들과 마찬가지로 "세계의 물건이 소장돼 있기 때문에"라고 생각하지 않았을까 짐작한다. 그렇지 않다면 소수파일 것이다. 이에 대해서는 대학생 2%의 흥미로운 답변과 함께 뒤에서 다루도록 하겠다.

쇼소인의 보물

질문5와 질문6은 본문에서 언급된 보물·물건에 대한 것이다.

질문5. 쇼소인에 수장된 보물·물건 가운데 이 글에서 구체적으로 언급한 것은 몇 점 정도라고 생각하는가?

질문6. 구체적으로 언급한 보물·물건 중 실크로드를 통해 이란에서 들어온 것은 몇 점 정도라고 생각하는가?

독자 여러분은 각각 몇 점 정도였다고 생각하는가? 대학생들의 대답은 다음과 같았다.

질문5의 "글에서 구체적으로 언급한" 것은 4~6점이 가장 많았다. 피험자이자 집계를 도운 3학년들은 교과서 복사본에 있었던 보물 사진의 개수가 상당한 영향을 준 것 같다고 말했다.

무응답　　　　2%
① 모르겠다　　2%
② 2~3　　　　13%
③ 4~6　　　　44%
④ 10 전후　　　36%
⑤ 15 이상　　　2%

질문6의 '실크로드를 통해 이란에서 들어온 것'은 2~3점이라는 응답이 가장 많았다. 여기서도 보물 사진이 영향을 주지 않았을까 하는 것이 3학년들의 생각이었다. 질문5에서 4~6점이라고 대답했다면 질문6은 그보다 적기 때문에 2~3점 정도라고 결론 내렸을 것이라는 이야기였다.

무응답	3%
① 모르겠다	3%
② 1	9%
③ 2~3	51%
④ 4~6	27%
⑤ 10이상	5%
⑥ 없음	1%

독자 여러분은 어떻게 생각하는가? 보물 사진을 보지 못했으니, 굳이 말하자면 질문5도, 질문6도 대학생보다 조금 많다고 느낀 사람이 많지 않을까 짐작한다.

날조된 대답

자, 마지막 질문이다.

질문7. 이 글은 불교와 쇼소인의 관계를 어떻게 적고 있는가?

이에 대해 대학생 중 41%가 어떤 관계를 적었다. '무응답', '모르겠다', '기억나지 않는다'라고 대답한 사람이 각각 24%, 10%, 16%로 다 합하면 50%나 된다.

무응답 24%
① 모르겠다 10%
② 없는 내용이다 9%
③ 어떤 관계를 적었다 41%
④ 기억나지 않는다 16%

어떻게 된 일일까? 어째서 '무응답', '모르겠다', '기억나지 않는다'라고 대답한 사람이 이렇게 많을까? 독자 여러분은 어떻게 대답했는가?

본문을 다시 읽어보면 확실히 알 수 있는데, 사실 '불교'와 '쇼소인'과의 관계에 대해 직접적으로 서술한 부분은 없다.

그러므로 이 질문7은 고약한 질문이다. '불교'와 '쇼소인'과의 관계에 대한 기술이 없음에도 불구하고, "이 글은 불교와 쇼소인의 관계를 어떻게 적고 있는가?"라고 물은 것이다.

　이 글은 '쇼소인'이 중심 소재라고 할 수 있다. 이 글에서 '불교'가 언급되기 때문에 '불교'와 '쇼소인'과의 관계가 적혀 있지 않았을까 하고 생각할 법도 하다. 따라서 기억나지 않으면(적혀 있지 않으니 당연하다) '무응답', '모르겠다', '기억나지 않는다'라고 대답했을 것이다.

　그런데 이 질문에서 더 주목해야 할 것이 있다. 이 질문에 대해 "없는 내용이다"라고 바르게 대답한 사람들이 불과 9%밖에 되지 않았다. 이것만으로도 놀랍다. 하지만 더욱 놀라운 것이 있다.

　바르게 대답한 9%를 제외한 나머지 91% 중 '무응답', '모르겠다', '기억나지 않는다'의 합이 50%였다. 앞에서도 적었지만, 나머지 41%는 놀랍게도 '어떤 관계를 적었다'는 점이다.

　이렇게 대답한 사람들의 기분을 모르는 것도 아니다. '쇼소인'을 중심 소재로 다룬 글이니, 어떤 기술이 있었던 것이 틀림없다, 기술이 없을 리가 없다, 기억은 없지만 이런 관련이 있을 것이다, 그런 기술이 있었을지도 모른다 등과 같이 생각했으리라. 그리고 '무응답', '모르겠다', '기억나지 않는다'라고 대답한 사람들보다 한 걸음 더 나가 버린 것이다.

　'날조'라는 말은 지나치지만, 이와 비슷한 일이 일어나 버렸다.

이것이 '안다는 착각'이다

독자 여러분은 어떻게 대답했는가? '함정에 빠져 버렸다'는 사람도 있으리라. '아슬아슬했다'는 사람도 있으리라.

하지만 여기서 중요한 것은 맞았느냐, 틀렸느냐가 아니다. 글이 풍기는 '전체적인 분위기'가 이런 '마력'을 갖고 있다는 사실이다. '전체적인 분위기'가 '부분의 기술'에서 '전체적인 분위기'와 어울리는 '의미를 끌어내' 버리는 것이다. 제2장에서 '문맥'이 가진 큰 힘을 확인했다. 그런 일이 지금 일어난 것이다. '분위기'라는 것은 물론 읽는 이가 파악한 '문맥'이다. 다만 이 사례와 같은 경우, 건조하게 '문맥'이라고 부르기보다 '글의 분위기'라고 하는 편이 '마력'의 근원이라는 실감이 나기 때문에, 어울리는 곳에는 '분위기'라는 단어를 쓰고자 한다.

02

'전체적인 분위기'라는 마물 2

이란에서 들어온 물건의 비율

글의 분위기는 때로 마물이 된다. 〈쇼소인과 실크로드〉로 그 무서움을 조금 더 실감해 보자.

질문5, 6으로 돌아가자. 질문5에서는 쇼소인에 수장된 보물·물건 중 이 글에서 "구체적으로 언급한 것"은 몇 점인지 물었다. 질문6에서는 "실크로드를 통해 이란에서 들어온 것"의 개수를 물었다.

경향을 보기 위해 질문5와 질문6을 교차 분석해 보자(표 3-1).

표 3-1

		질문5 언급한 보물·물건				
		2~3	4~6	10 전후	15 이상	계
질문6 이란에서 들어온 보물·물건	1	2	5	1		8
	2~3	6	29	10		45
	4~6	1	3	20		24
	10 이상	1		1	2	4
	계	10	37	32	2	(총계) 81

 질문5에서 어떻게 대답했는지를 표의 세로로, 질문6에서 어떻게 대답했는지를 표의 가로로 나타냈다. 보다 명확하게 살펴보기 위해 무응답이나 '모르겠다'고 한 사람들은 제외했다. 그래서 사람 수는 모두 81명이다.

 예를 들어 이 표에서 가장 많은 수인 29는 글에서 "구체적으로 언급한 것"의 개수를 4~6이라 적고, "실크로드를 통해 이란에서 들어온 것"의 개수를 2~3이라고 적은 사람이 29명이라는 뜻이다.

 그다음으로 인원이 많은 것은 '언급한 보물·물건'을 10점 전후로, 그중 '실크로드를 통해 이란에서 들어온 보물·물건'을 4~6점으로 적은 20명이다. 왼쪽 상단과 오른쪽 하단을 잇는 대각선 부근에 인원이 많은 것을 알 수 있다. 아주 대략적으로 말하자면, 전체적으로 '언급한 보물·물건' 개수가 늘어나면 실크로드를 통해 '이란에서 들어온 보물·물건' 개수도 늘어난다. 그리고 그 '비율'은, 대각선 부근에 인원이 많은 것을 감안하면, '절반 정도가 실크로드를 통해 이란에서 들어왔다'고 간주하는 것이 아닐까?

대학생의 경우에는 이런 경향이 엿보인다. 독자 여러분도 대체로 비슷한 인상을 갖지 않았을까?

당이나 일본에서 이란풍 공예품을 만들었다

그러면 실제로 글을 확인해 보자. 우선 어떤 보물·물건을 언급했을까? 그리고 이것들의 '출처'는 어디라고 적혀 있을까?

글에서 언급한 보물·물건은 모두 13점이다. 의외로 많다고 생각할지도 모르겠다. 언급한 순서대로 번호를 매겨 순차적으로 확인해 보자.

① 몰식자

이 글 단락 (3)에서 처음으로 언급했다. 벌이 들어가 있다는 어떤 충영이다. 그 벌은 "이란과 튀르키예 지방에만 있는 벌과 완전히 똑같"기 때문에 몰식자는 '실크로드를 통해 이란에서 들어온 물건'임이 틀림없다.

② 새부리 모양을 한 물병
③ 흰 유리 사발
④ 은제 훈로
⑤ 쌍륙판

이 보물들은 단락 (12)에 나온다. 이것들은 이란에서 온 보물일까? 이에 대해서는 확실한 언급이 없다. 바로 앞 단락 (11)에는 다음과 같이 서술되어 있다. "물론 보물 중에는 직접 당에서 온 것뿐만 아니라 일본에서 당의 공예품을 흉내 내 만든 것도 있습니다. 또 일본이 독자적으로 만든 뛰어난 공예품도 적지 않습니다. 하지만 이들 보물 중에서 오늘날 특히 유려한 아름다움에 마음을 빼앗길 것만 같은 물건은 이란풍 스타일이나 문양을 새긴 공예품입니다." 그리고 "예를 들어" 단락 (12)에 '새 부리 모양을 한 물병', '흰 유리 사발' 등이 언급되었다.

"이들 보물 중에서"의 '이들'이 가리키는 것은 "직접 당에서 온 것", "일본에서 당의 공예품을 흉내 내 만든 것", "일본이 독자적으로 만든 뛰어난 공예품", 이 세 가지라고 생각할 수 있다. 이 중 "일본이 독자적으로 만든 뛰어난 공예품"은 이란풍이 아니기 때문에 이란풍인 '새 부리 모양을 한 물병'이나 '흰 유리 사발' 등은 "직접 당에서 온 것"이거나 "일본에서 당의 공예품을 흉내 내 만든 것"이다.

그렇다면 '새 부리 모양을 한 물병'이나 '흰 유리 사발' 등이 "일본에서 당의 공예품을 흉내 내 만든 것"이라면 당연히 '실크로드를 통해 이란에서 들어온 물건'일 수 없다. '실크로드를 통해 이란에서 들어온 물건'이기 위해서는 "직접 당에서 온 것"이자 동시에 '이란에서 당으로 직접 전해진' 것이어야만 한다.

하지만 글에는 '이란에서 당으로 직접 전해졌다'는 기술이 없다. 반대로 단락 (8), (9)에는 당으로 망명한 이란인이나 중국인 공예가가 당에서 이란풍 공예품을 만들었고, 견당사나 유학생이 이것들을 갖고 돌아갔다는 내용이 있다. 또 단락 (10)에는 "쇼소인의 보물 중 아무래도 이란의 물건인 것 같아 보이는 아름다운 공예품이 많이 남아 있는 것은 이런 이유에서입니다"라고 돼 있다. 이 기술들을 아주 솔직하게 읽으면 '새 부리 모양을 한 물병'이나 '흰 유리 사발' 등이 '실크로드를 통해 이란에서 들

이것이 '안다는 착각'이다

어온 물건'이라고는 말하기 상당히 힘들다. 적어도 이 기술들에서 '실크로드를 통해 이란에서 들어왔다'는 확증은 얻을 수 없다.

'형태'와 '문양'

⑥ 하프
⑦ 오현비파
⑧ 사현비파

이 보물들은 앞에서 언급한 '새 부리 모양을 한 물병' 등이 기술된 단락 (12)의 바로 뒤 단락인 (13)에 다음과 같이 기술되어 있다. "그 밖에도 악기인 하프라든가, 오현비파, 사현비파 등도 서방에서 전래된 것이 분명합니다. 예를 들어 하프는 아시리아나 사산왕조의 부조에서도 볼 수 있습니다. 또 인도가 기원인 오현비파는 중국의 쿠처에 있는 커즈얼 천불동에 벽화로 그려져 있습니다."

이 단락 (13)을 읽으면 "서방에서 전래된 것이 분명"하다고 적혀 있다. 그리고 '사현비파'에 대한 기술은 없지만, '하프'는 "아시리아나 사산왕조의 부조"에서도 볼 수 있고, '오현비파'는 "인도가 기원인 오현비파는 중국의 쿠처에 있는 커즈얼 천불동에 벽화로 그려져" 있다고 각각의 '출처'도 적혀 있다. 그러므로 이들 보물은 틀림없이 '실크로드를 통해 들어온 것'이라고 파악해 버리지 않았을까?

하지만 이 단락 (13)의 앞뒤를 자세히 조사해 보면, 그렇게 파악해도 되는지 의심스러운 기분이 든다. 실제로 단락 (11)에서 단락 (17)까지를, 각각의 연결 고리가 뭔지를 조사하며 다시 한번 읽어보자. 특히 단락 (11)과 단락 (14)에 주의하길 바란다.

단락 (14)는 보다시피 한 문장이다. "쇼소인의 보물은 형태가 외국의 물건과 꼭 닮았을 뿐만 아니라 이를 장식하고 있는 문양도 곳곳이 외국의 문양 그대로입니다."

왜 이런 문장이 있을까? 어쩐지 뜬금없다는 느낌이 들지 않나? 바로 앞 단락인 (13)에 하프 등의 '전래'와 '출처'가 서술돼 있는데, 단락 (14)의 문장은 갑자기 '형태'와 '문양'에 대해 썼기 때문이다.

단락 간 구조

왜 이런 문장이 있는 걸까? 이 단락 (14)의 앞뒤를 살펴보자. 먼저 뒤 단락부터다. 단락 (15)는 문양에 대한 이야기다. 단락 (16)도 그렇다. 단락 (17)은 어떨까? 이 역시 문양 이야기다.

그러면 단락 (14)는 이야기가 '형태'에서 '문양'으로 옮아간다고 알리는 걸까? 만약 그렇다면 옮아간다고 알리는 단락 (14)의 앞에서는 '형태' 이야기가 서술돼야 한다. 확인해 보자.

단락 (12)에는 "똑같이 생겼습니다", "꼭 닮았습니다", "모양이 똑같은 것이", "똑같이 생긴 것이" 등의 표현이 있으니, '형태'를 다루고 있는 것은 틀림없다.

단락 (13)은 잠시 제쳐 두고, 이 부근에 있는 단락들의 연결 구조를 생각해 보자. 단락 (14) 이전은 '형태'를, 이후는 '문양'을 다루고 있다. 그렇다면 '문양' 이야기는 '형태' 이야기 다음에 처음 나온 걸까?

사실은 그렇지가 않다. 단락 (11)을 살펴보자. 거기에는 분명히 '문양'이 '형태(스타일)'와 나란히 언급되고 있다. "하지만 이들 보물 중에서 오늘날 특히 유려한 아름다움에 마음을 빼앗길 것만 같은 물건은 이란풍 스타일이나 문양을 새긴 공예품입니다."

단락 (11)에서 '형태(스타일)'와 '문양'에 대해 서술하면서, '선

언'이라고 해야 할까 '예고'를 해 두고 그 뒤의 단락에서 '형태'와 '문양'의 구체적인 예를 들고 있다고 생각할 수 있다. 그러므로 단락 (11)에서 단락 (17)까지는 상호 관련된 구조를 이룬다. 단락 (11)은 단락 (12)에서 단락 (17)까지 영향을 미친다. 이를 표 3-2로 나타내 보자.

표 3-2 단락 (11)에서 (17)까지의 구조

```
(11) 이란풍 형태(스타일)와 문양
         ↓
(12) 이란풍 형태의 보물 ②③④⑤  ┐
         ↓                      │ 형태
(13) 그 밖의 이란풍 형태의 보물 ⑥⑦⑧ ┘
         ↓
(14) 형태에서 문양으로 화제가 전환된다.
         ↓
(15) 이란풍 문양의 보물 ⑨⑩     ┐
         ↓                      │
(16) 그 밖의 이란풍 문양의 보물 ⑪ │ 문양
         ↓                      │
(17) 그 밖의 이란풍 문양의 보물 ⑫⑬ ┘
```

'형태'라는 문맥 안에서의 의미

이상과 같은 단락 간 구조를 전제로, 다시 한 번 단락 (13)을 검토해 보자. 직전 단락인 (12)에서는 확실히 '형태'를 다루고 있다. 직후 단락인 (14)는 이야기가 '형태'에서 '문양'으로 옮아간다고 알리고 있다. 그렇다면 단락 (13)도 단락 간 구조상 '형태'를 다뤄야만 한다.

그런데 당황스럽게도 단락 (13)에는 '형태'에 관한 직접적인 표현이 없다. 대신 다음과 같이 쓰여 있을 뿐이다. "그 밖에도 악기인 하프라든가, 오현비파, 사현비파 등도 서방에서 전래된 것이 분명합니다. 예를 들어 하프는 아시리아나 사산왕조의 부조에서도 볼 수 있습니다. 또 인도가 기원인 오현비파는 중국의 쿠처에 있는 커즈얼 천불동에 벽화로 그려져 있습니다."

하지만 '형태'에 대한 내용이 나올 것이란 문맥으로 다시 살펴보면 "하프는……부조에서도 볼 수 있습니다", "오현비파는……벽화로 그려져 있습니다"라는 부분이 눈에 들어온다. 이것들을 '형태'에 대한 이야기라고 생각할 수 있을 듯하다. 하프는 부조에서도 볼 수 있는데, 그 부조에 의해 '형태'가 닮았다는 것을 확인할 수 있다는 의미리라. 오현비파도 벽화에 그려져 있으므로, '형태'가 비슷하다는 것을 확인할 수 있다는 의미리라.

이 단락 (13)이 "그 밖에도"로 시작하는 것으로 봐서 단락 (12)와 병렬 관계임을 나타낸다고 생각할 수 있다. 또 단락 (12)는 '형태'에 대해 서술하고 있으므로, 이 병렬 관계가 단락 (13)도 '형태'에 대한 내용임을 보강하고 있는지도 모른다.

단락 (13)을 무심코 읽으면 '서방에서의 전래'와 '출처'에 대해 적혀 있다는 의미가 도출된다. 하지만 단락 (11)에서 단락 (17)까지의 구조를 염두에 두고 읽으면 '이란풍 형태'에 대해 적고 있음이 명확해진다.

그런데 단락 (13)에서 파악해야 하는 것이 '이란풍 형태'라면, 여기에 언급된 '하프', '오현비파', '사현비파'도 '새 부리 모양을 한 물병'이나 '흰 유리 사발' 등과 마찬가지 이유로 '실크로드를 통해 이란에서 들어온 것'이라고 하기는 상당히 어렵다. 적어도 '실크로드를 통해 이란에서 들어온 것'이라는 확증은 얻을 수 없다.

간단히 오독을 유발한다

나머지 보물에 대해서도 간단히 살펴보자. 모두 문양에 관한 것이다.

⑨ 은 항아리

⑩ 비단

⑪ 악기

⑫ 직물

⑬ 병풍 등

단락 (15), (16), (17)에서 언급된 이들 보물에는 "힘센 사자를 사냥하는 모습을 본뜬 문양", "새가 끈이나 목걸이를 물고 있는 문양", "나무 한 그루를 사이에 두고 동물이 마주하고 있는 문양이나 나무 아래 미인이 서 있는 문양"이 있다.

이는 이들 보물이 '실크로드를 통해 이란에서 들어온' 것을 반드시 의미하지는 않는다. 단락 (16)에는 "또 사산왕조의 접시 등에는 새가 끈이나 목걸이를 물고 있는 문양을 자주 볼 수 있는데, 이 역시 중앙아시아, 중국을 통해 쇼소인의 악기나 문양으로 전해졌습니다"라는 구절이 있어, 보물 자체가 전해진 것이라는 뉘앙스는 약한 것처럼 보인다.

지금까지 보물·물건 13점이 '실크로드를 통해 이란에서 들어온 것'인지 어떤지를 조사했다. 그 결과는 의외이지 않은가? '실크로드를 통해 이란에서 들어온' 것이 확실한 보물·물건은 놀랍게도 몰식자뿐이다. 나머지는 '실크로드를 통해 이란에서 들어'왔다는 확증이 없다. 반대로 당이나 일본에서 '이란풍 스타일이나 문양을 넣어' 만들었을 가능성은 커졌다.

앞에서 서술한 대학생 조사에서 보물·물건 중 "절반 정도가 실크로드를 통해 이란에서 들어왔다"고 간주됐다는 결과를 소개했다. 대학생에게는 조사, 집계를 마친 뒤 수업에서 몰식자 이외에는 '실크로드를 통해 이란에서 들어온' 것이라는 확증이 없다는 것, 오히려 그렇지 않을 가능성이 크다는 것을 설명했다. 그날 수업 후기에 "자신이 얼마나 대충 읽고 있는지 알고 놀랐다", "안다는 착각에 빠져 있었다는 것을 실감했다" 등과 같은 내용이 많았던 것을 보면 학생들이 상당히 충격을 받은 모양이었다.

대학생과 마찬가지로 "절반 정도가 실크로드를 통해 이란에서 들어왔다"고 느낀 독자가 있다면, '확실한 것은 몰식자뿐'이라는 결과에 놀라지 않았을까? 글 전체의 분위기란 부분을 대충 읽게 만들고, 간단히 오독(誤讀)을 유발할 정도의 마력을 갖고 있다.

앞에서 질문5와 질문6에 대한 교차 분석표(표 3-1)를 만들었다. 이 표를 보면 알겠지만, '실크로드를 통해 이란에서 들어온 것'이 1점이라고 대답한 사람은 8명이었다. 이들에게 직접 확인해 보니 "무심코 그렇게 대답했다"는 사람이 대부분으로, 확실히 '몰식자뿐'이라고 읽은 사람은 1명뿐이었다. 88명 중 불과 1명뿐인 것이다. 분위기의 마력은 쉽사리 얕볼 수 있는 것이 아님을 깨달았으리라.

03
'안다는 착각'의 강력함

보물의 출처

글을 꼼꼼하게 재검토한 결과, '실크로드를 통해 이란에서 들어온' 것이 확실한 물건은 몰식자뿐이었다. 글에서 다룬 나머지 보물들에 대해서는 확증이 없다. 거꾸로 당이나 일본에서 만들어졌을 가능성이 커졌다.

〈쇼소인과 실크로드〉라는 글 자체와는 거리가 있지만, 궁금해하는 독자를 위해 이들 보물의 '출처'가 어디인지 짐작되는 내용을 간단히 설명하고 넘어가고자 한다. 같은 저자가 쓴 《쇼소인의 지보―보물전에 잠들어 있는 역사의 수수께끼(正倉院の至宝―宝物殿に眠る歴史の謎)》(세이슌 출판사, 2003년)라는 책이 있다.

이 책에서 다룬 몇몇 보물에 대해 소개하겠다.

'새 부리 모양을 한 물병'은 칠호병(漆胡瓶)이라 불리며, 대나무를 엮은 뒤 그 위를 천으로 덮고 옻칠을 한 다음 문양을 여기저기 배치한 것이라고 한다. "당시 옻칠은 중국만의 독특한 공예로, 당나라 공예가의 수완을 엿볼 수 있어 흥미롭다"라고 적혀 있다. 아무래도 당나라에서 만든 것으로 추정되는 듯하다.

'흰 유리 사발'은 "이란 원산임이 확실한 유리 그릇"이라고 한다.

'쌍륙판'은 목화자단쌍륙국(木画紫檀双六局)이라 불린다. 이는 본문에서도 설명했다시피, 비슷한 것이 중국의 신장 웨이우얼 자치구의 마을에서 출토됐다. "두 개를 비교해 보면 기법을 비롯해 여러 가지가 매우 유사하다. 세공인이 동일하거나, 아마도 같은 공방의 작품인 것으로 보인다"라고 한다. "야마토 조정과 고창국 왕이 당나라 왕조로부터 당나라 왕조 공방에서 회사(조공에 대한 답례품-옮긴이)로 제작한 쌍륙판을 함께 하사받았을 가능성을 시사한다고 할 수 있다"라고 한다. 장안에서 만들어져 하나는 서쪽으로, 하나는 동쪽으로 간 것이다.

'하프'는 나전조공후(螺鈿槽箜篌)라 불린다. 몸통에 나전이 장식돼 있어 "이 기술은 중국의 것이므로, 이것은 중국제가 분명하거나 일본에서 모방해 제작했을 것이다"라고 적혀 있다.

'나무 아래 미인이 서 있는 문양'이 있는 것은 유명한 조모입녀병풍(鳥毛立女屛風)이다. 병풍 속 여성이 당나라풍 미인임이 확실해 보였기 때문에 옛날부터 당나라 작품이라고 여겨졌다고 한다. "그런데 이 병풍 안쪽 초배지로 쓰인 반고지에서 덴표쇼호(天平勝宝, 일본의 연호-옮긴이) 4년(752)이라는 연기(年紀)가 발견되고, 또 병풍에 붙어 있는 새털이 일본 고유종인 야마도리의 것임이 확인돼 (중략) 덴표 시대에 일본에서 제작됐다는 것이 밝혀졌다"라고 한다.

복제품

이제 〈쇼소인과 실크로드〉 본문으로 돌아가자.

수업에서 대학생들에게 몰식자 외에는 '실크로드를 통해 이란에서 들어왔다'는 확증이 없다는 것, 오히려 그렇지 않을 가능성이 크다는 것을 설명했다고 앞에서 서술했다. 이 수업에서 또 하나 문제가 된 것이 있다. 바로 "세계의 보고"라는 말이었다.

단락 (2)에는 "그중에는 까마득한 옛날, 머나먼 이란에서 실크로드를 통해 중국에 전해진, 그리고 또다시 일본에까지 전해진 귀중한 문화재도 수장돼 있습니다. 이것들 대부분이 옛 모습 그대로 남아 있는 것은 매우 드문 일로, 지금은 '세계의 보고'라 불립니다"라는 표현이 있다.

또 마지막 단락인 (23)에는 "고대 여러 나라의 문화는 실크로드를 통해 오랜 역사를 거쳐 일본에 전해졌습니다. 쇼소인의 보물은 오늘날까지 소중히 남겨진 세계에서 단 하나뿐인 귀중한 문화재라고 할 수 있습니다"라는 표현도 있다.

많은 보물이 '실크로드를 통해 이란에서 들어온' 것이 아닌 듯하니, 조금 거칠게 표현하면 당나라나 일본에서 '복제'했다는 말이다. 그럼에도 불구하고 "세계의 보고"라든가 "세계에서 단 하나뿐인 귀중한 문화재"라고 평가하는 것이 정당한가 하는 문제가 제기된 것이다.

"쇼소인이 '세계의 보고'라고 불리는 까닭은 무엇이라고 생각하는가?"라는 질문4에 대해 압도적으로 많은 사람(94%)이 "세계의 물건이 소장돼 있기 때문에"라고 대답했다. 2%(88명 중 2%이므로 2명)는 처음 읽었을 때부터 '복제'라는 것을 눈치챈 모양이다.

한 사람은 "쇼소인에 남아 있는 것이, 옛날에 먼 나라에서 만들었거나 디자인이 비슷하기 때문에"라고 대답했다. 다른 한 사람은 좀 더 명확하게 "글을 읽으면 '세계의 도안이나 다양한 양식의 복제품'이 대량으로 보관돼 있는 것처럼 여겨지기도 한다"라고 대답했다. "세계의 물건이 소장돼 있기 때문에"라고 생각한 사람들은 큰 고민에 빠졌다. 쇼소인의 보물 대부분을 당나라나 일본에서 만들었으며, 이란풍으로 '복제'한 것이란 내용은 지금까지 쇼소인에 갖고 있던 이미지를 부수는 결과로 이어졌기 때문이다. 몇몇 대학생은 그날 수업 후기에 "'복제'라는 말을 듣고 슬펐다"라고 적었을 정도다.

'복제'라는 말은 아무래도 받아들이기가 힘든데, 독자 여러분은 이 문제에 어떻게 대답하겠는가? "세계에서 단 하나뿐인 귀중한 문화재"라는 표현은 역시 너무 거창하다고 느끼지는 않는가?

역시 '세계의 보고'

글을 더 잘 읽어보면, 어쩌면 거창한 표현이 아닐지도 모른다고 느껴지는 부분이 있다. 단락 (12), (13)이다. 이 부분은 앞에서도 몇 번 언급했지만, 다시 한 번 살펴보자.

"예를 들어 새 부리 모양을 한 물병은 사산왕조페르시아의 물병과 똑같이 생겼습니다. 또 흰 유리 사발도 사산왕조의 사발과 꼭 닮았습니다. 이런 사발은 시리아의 팔미라라는 유적에서 발견한 조각에서도 볼 수 있는 등 서아시아에서는 널리 쓰였습니다. 은제 훈로는 의복에 향을 입히기 위한 것인데, 모양이 똑같은 것이 중국에서 나왔습니다. 또 쇼소인에는 아름다운 쌍륙판이 있는데, 이것도 똑같이 생긴 것이 중국의 신장 웨이우얼 자치구에 있는 마을인 투르판의 무덤에서 나왔습니다.(12)"

"그 밖에도 악기인 하프라든가, 오현비파, 사현비파 등도 서방에서 전래된 것이 분명합니다. 예를 들어 하프는 아시리아나 사산왕조의 부조에서도 볼 수 있습니다. 또 인도가 기원인 오현비파는 중국의 쿠처에 있는 커즈얼 천불동에 벽화로 그려져 있습니다.(13)"

우선 단락 (12)를 살펴보자. '새 부리 모양을 한 물병'은 관련 설명이 없지만, '흰 유리 사발'은 "유적에서 발견한 조각에서도 볼 수 있다"라고 설명하고 있다. '은제 훈로'에 대해서는 "모양이 똑같은 것이 중국에서 나왔습니다"라고 적혀 있다. 이 "발견한", "나왔습니다"는 출토됐다는 의미다. '쌍륙판'은 "무덤에서 나왔"다.

쇼소인의 보물은 엄중하고 정성스럽게 아제쿠라 양식으로 지은 창고에서 보관돼 왔는데, 외국의 여러 나라에서 이들 보물은 출토품인 것이다. 보존 상태가 극히 다르다는 것은 상상하기 어렵지 않다. 이런 의미에서 "세계의 보고"라든가 "세계에서 단 하나뿐인 귀중한 문화재"라고 말할 수 있지 않을까 싶다.

또 단락 (13)에는 "부조에서도 볼 수 있습니다", "벽화로 그려져 있습니다"라는 표현이 있다. 여기서는 출토품과 비교하지 않았다. '형태'를 '부조'나 '벽화'로 확인한 것이다. 이 표현은 어쩌면 출토품조차 존재하지 않음을 의미하는지도 모른다. 출토품이 있다면 그것과 비교한 내용을 서술한 부분이 있을 법하다. 그런데 없다고 한다면 "세계의 보고"라든가 "세계에서 단 하나뿐인 귀중한 문화재"라고 말하는 것은 그야말로 글자 그대로 타당하지 않을까?

수업을 진행하면서 대체로 이와 비슷하게 설명했다. 일부는 불만스러운 모양이었지만, 참가한 학생 대부분은 어느 정도 납득하는 듯했다.

또다시 본론에서 멀어지는데, 궁내청(일본 황실 관련 사무를 담당하는 부처-옮긴이)의 쇼소인 홈페이지를 보면 쇼소인의 보물·물건이 '출토품'이 아닌 것에 대해 다음과 같이 기술하고 있다. "보물이 출토품이 아닌 전세품(傳世品)이라는 점입니다. 고대 유물이라고 하면 대부분은 땅속에서 발굴된 고고학적 유물이지만, 쇼소인의 보물은 출토품이 아니라 목조 보고(寶庫)에 수장돼 1200여 년에 걸쳐 대대로 전해져 내려왔습니다. 그런 까닭에 보존 상태도 좋고, 전세품으로서의 품격과 아름다움을 그대로 간직하고 있어, 누구나가 감탄을 금치 못합니다."

또 '출토품'조차 없을지도 모르는 부분에 관해서는, 앞서 소개한 《쇼소인의 지보―보물전에 잠들어 있는 역사의 수수께끼》에서 다음과 같은 기술을 찾았다.

'오현비파'에 관한 것으로 그 내용은 다음과 같다. "인도에서 시작해 서역에서 중국으로 전해졌으며, 당나라 시대에 완성돼 아잔타나 커즈얼의 벽화에 그려져 있다. 쇼소인의 오현비파는 세계 유일의 유례(遺例)로, 그 디자인이나 나전 기법이 매우 우수하며, 수많은 보물 중에서도 몇 손가락 안에 드는 빼어난 유물이다." 주요 재질은 나무일 테니, 출토도 어렵지 않을까 짐작한다.

모순이나 의문의 '효용'

'안다는 착각' 상태에는 '부족한 읽기'뿐만 아니라 '틀린 읽기'도 있다. 이런 상태가 존재하며, 이를 어떻게 극복해야 하는지 보여주는 것이 이번 장의 목적이었다.

"까마득한 옛날, 머나먼 이란에서 실크로드를 통해 중국에 전해진, 그리고 또다시 일본에까지 전해진 귀중한 문화재도 수장돼 있습니다. 이것들 대부분이 옛 모습 그대로 남아 있는 것은 매우 드문 일로, 지금은 '세계의 보고'라 불립니다." 이 기술이 글 전체의 분위기를 만들어 버린다. 그리고 이 분위기 때문에 부분을 오독해 버리는 것이다.

이번 장에서 본 것처럼, 이런 '안다는 착각' 상태는 부수는 데 상당한 노력이 필요하다. 이를 실감했다면, 이번 장의 목적은 달성했다고 생각한다.

또 세심하게 읽음으로써 최초의 '안다는 착각'을 부수자마자 더욱 심각한 모순이 기다리는 경우가 적지 않다. 이번 장을 예로 들면 "수많은 보물이 실크로드를 통해 이란에서 들어왔다"라는 '안다는 착각'을 부수자, "복제품인데 어떻게 세계의 보고인가"라는 '모순'이 발생했다.

사실 이런 '모순'이나 '의문'은 그다음으로 '더 잘 알기' 위한 계기를 마련해 준다. '모순'이나 '의문'을 부정적으로 받아들이는 경우가 적지 않은데, 오히려 그다음으로 해결해야 할 문제를 발견했다는 의미다. '인식의 진전'이라는 관점에서는 긍정적인 존재인 것이다.

또 이번 장에서의 '모순'은 보물 대부분이 '복제품'이라는 것을 알게 되면서 비로소 의식할 수가 있었다. '이전보다 잘 알았기' 때문에 비로소 그다음 문제점이 우리 앞에 나타난 것이다. 이 역시 '의식의 진전'이라는 관점에서 보면 매우 중요하다. '모르는' 것이 나왔다는 것은 그 이전의 것을 '알고' 있으며, 이 아는 것을 '사용하고 있다'는 뜻이기 때문이다.

Part 4

다양한
'안다는 착각'

01

'안다는 착각'에 빠지게 만드는 '범인'들

틀렸는데 왜 '안다는 착각'에 계속 빠져 있을까

제3장에서 〈쇼소인과 실크로드〉를 재료로 강고한 '안다는 착각'이 존재함을 확인했다. 제1장의 〈여보세요 엄마〉를 읽었을 때처럼 '부족한 읽기'뿐만 아니라, 〈쇼소인과 실크로드〉처럼 '틀린 읽기'로도 '안다는 착각' 상태에 빠질 수 있다.

〈여보세요 엄마〉의 경우, '부족한 읽기'가 어떻게 '안다는 착각'을 초래할 수 있는지에 대해서는 제2장 3절에서 서술했다. '더 잘 아는' 상태를 나타낸 표 2-4(73쪽)와 '안다는 착각' 상태를 나타낸 표 2-3(72쪽)을 다시 살피며 비교해 보길 바란다.

'더 잘 아는' 상태를 나타낸 표 2-4에서는 상세한 문맥이 각 아기 고양이와 엄마 고양이가 나눈 대화의 의미를 각 부분에서 끌어냈다. 이에 비해 처음 읽었을 때의 '안다는 착각' 상태를 나타낸 표 2-3에서는 대략적인 문맥이 각 대화의 부분들로부터 예시 정도의 의미밖에 끌어내지 못했다. 하지만 이 예시 정도의 의미가 문맥에 맞고, 부분과 부분 사이도 관련지어지기 때문에 '아는' 상태가 구성될 수 있고, 결국 '안다는 착각'에 빠지고 마는 것이다.

그런데 〈쇼소인과 실크로드〉를 읽었을 때의 '안다는 착각'은 '부족해서'가 아니라 '틀린' 읽기에서 발생했다. 어떻게 그런 일이 생길 수 있을까? 틀린 걸 눈치 챌 법도 하지 않나?

이 점을 생각하는 데는 내가 1997년에 한 실험이 참고가 될지도 모르겠다.

이 실험에서는 두 그룹에 두 단락으로 된 글을 읽혔다. 뒤 단락은 옆집을 방문했을 때의 상황을 쓴 것으로 두 그룹 모두 똑같았지만, 앞 단락은 두 그룹이 서로 달랐다. 한 그룹이 읽은 것은 점심때 자랑하고 싶은 새 점퍼를 입고, 어머니가 만든 케이크를 옆집에 주러 간다는 내용이었다. 이를 읽은 그룹을 '어머니 케이크' 그룹이라고 하자.

다른 한 그룹이 읽은 것은 옆집에 누가 새로 이사를 왔다는 내용이었다. 이삿짐 중에는 그랜드피아노도 있어서, 대체 어떤 사람들인지 궁금해하던 참에 어머니가 심부름을 시켜 집을 나선다는 이야기였다. 이 앞 단락을 읽은 그룹을 '새로운 이웃' 그룹이라고 하자.

두 그룹이 읽은 글 모두 전반부는 옆집을 방문하게 된 경위고, 후반부는 방문한 상황에 대한 내용으로, 두 그룹이 읽은 글은 모두 전반부와 후반부를 연결시키는 데 부자연스러운 것은 없다.

내용을 '어긋나게' 한 이유

뒤 단락 내용은 옆집을 방문했을 때의 상황이다. 조금 더 자세히 말하면, 개가 엄청난 기세로 짖어댔고, 아주머니에게 쿠키가 든 상자를 건네고 집 안으로 들어가 코트를 벗고 소파에 앉았고, 저녁노을이 비치는 창문에는 호화로운 커튼이 걸려 있었다는 것이다. 뒤 단락의 길이는 일본어로 약 270자다. 그 안에 이런 내용이 들어 있다.

지금 서술한 뒤 단락 내용을 자세히 읽고, 벌써 눈치 챈 독자가 있을지도 모르겠다. '어머니 케이크' 그룹의 경우, 앞 단락과 뒤 단락 내용 사이에 몇 가지 '어긋남'이 있다.

분명 케이크를 들고 갔을 텐데 쿠키를 건넸다. 점퍼를 입고 있었을 텐데 소파에 앉을 때는 코트를 벗었다. 게다가 점심때였을 텐데 창밖으로 저녁노을이 보였다.

이와 같은 '어긋남'을 설정한 것에는 이유가 있다. **'건너뛰며 읽기'**를 조사하고 싶었기 때문이다.

글의 어느 한 부분을 읽을 때, 읽는 이가 그때 사용하는 문맥에 따라서는 해당 부분의 내용이 어느 정도 예측이 가면서 다소 장황하게 느껴질 때가 있다. 그러면 해당 부분을 "아아, 그 얘기겠네"라는 느낌으로 듬성듬성 읽지 않을까 추측할 수 있다. 이 현상을 '건너뛰며 읽기'라고 부르자.

'어머니 케이크' 그룹의 경우, '어머니가 만든 케이크를 옆집에 주러 간다'는 문맥이 전반부에 형성돼, 이것이 후반부의 '나는 ○○이 든 상자를 건넸다'를 읽을 때 "아아, 그 얘기겠네"라고 생각하게끔 만들지 않을까? 그리고 ○○ 부분에는 크게 주의를 기울이지 않고, '건너뛰며 읽기'를 하게 만드는 것이 아닐까? 이렇게 생각한 것이다. '코트', '저녁노을' 역시 같은 의도로 글을 작성했다.

이런 식으로 '건너뛰며 읽기'를 했는데, '건넨 상자에는 무엇이 들어 있었나?'라는 질문을 받았다고 생각해 보자. 해당 부분의 '쿠키'는 '건너뛰어 읽기'를 해서, 말하자면 공백 상태다. 그래서 전반부에서 형성된 문맥을 가져와 '케이크'라고 대답할 가능성이 있다.

문맥의 침입

 전반부와 후반부에 '케이크'와 '쿠키'처럼 의도적으로 '어긋남'을 만들어 두면, 앞 단락에서 형성된 '케이크' 문맥이 해당 부분에 '침입하는' 양상을 볼 수 있다. '문맥의 침입' 정도에 따라 부분을 어떻게 얼마나 읽는지를 조사할 수 있다. '문맥이 침입' 해 있으면 있을수록 해당 부분에서 '건너뛰며 읽기'가 이루어진다고 짐작할 수 있으리라.

 '어머니 케이크' 그룹은 앞 단락에서 형성된 '케이크', '점퍼', '시각'과 같은 문맥이 뒤 단락의 해당 부분을 읽을 때 '아아, 그 얘기겠네'라고 생각하게끔 만들어, '건너뛰며 읽기'를 유발한다고 예기된다.

 이에 대해 '새로운 이웃' 그룹은 전반부에서 '새로 이사 온 이웃이 어떤 사람들일까 하고 너무너무 궁금했다'라는 문맥이 형성됐을 것 같다. 그래서 '어머니 케이크' 그룹보다 훨씬 '신선'한 느낌으로 뒤 단락을 읽을 것으로 예상할 수 있다. 그러므로 "건넨 상자에는 무엇이 들어 있었나?"라는 질문을 받으면 '쿠키'라고 대답할 가능성이 '어머니 케이크' 그룹보다 높지 않을까?

결과는 상당히 뚜렷했다. "건넨 상자에는 무엇이 들어 있었나?"라는 질문에 초등학교 5학년이 쓴 대답을 정리한 결과가 표 4-1이다. 표 4-2는 대학생에게 '쿠키', '케이크', '기타'의 선택지 중 고르게 한 결과를 정리한 것이다. '코트'나 '시각'에 대한 질문도 거의 비슷한 결과가 나왔다.

표 4-1 초등학교 5학년 결과

	쿠키	케이크	기타
'어머니 케이크' 그룹	53%	42%	5%
'새로운 이웃' 그룹	84%	0%	16%

표 4-2 대학생 결과

	쿠키	케이크	기타
'어머니 케이크' 그룹	67%	33%	0%
'새로운 이웃' 그룹	98%	2%	16%

틀린 '안다는 착각'

결과는 명료하다. 부분의 기술이 비교적 '신선'하게 느껴지면 '건너뛰며 읽기'를 그다지 하지 않는다. 따라서 꽤 정확하게 대답할 수 있다. 이에 비해 부분의 기술이 '아아, 그 이야기겠네'라고 느껴지면 상당한 '건너뛰며 읽기'가 일어나는 듯하다. 이로 인해 생겨 버린 공백에는 그때 읽는 이가 사용하는 문맥이 침입해, 문맥에 적합한 그럴듯한 의미를, 부분에 부여해 버린다.

이제 〈쇼소인과 실크로드〉의 '안다는 착각' 이야기로 돌아가 보자.

거기에는 강고한 '안다는 착각'이 존재했다. 게다가 그것은 '틀린' 것이었다. 어떻게 그런 착각에 빠질 수 있었을까? 틀렸으니 눈치챌 법도 하지 않나? 틀렸는데도 왜 '안다는 착각'에 빠지는 걸까?

제2장에서 문맥의 작용으로 다음과 같은 내용을 들었다.

① 문맥을 모르면 이해하지 못한다.
② 문맥이 스키마를 발동시켜, 문맥에서 얻은 정보와 함께 작동한다.
③ 문맥이 각 부분의 기술에서 의미를 끌어낸다.

④ 문맥이 다르면 다른 의미가 도출된다.
⑤ 문맥에서 도출된 각각의 의미를 관련지음으로써 문장을 이해할 수 있다.

〈쇼소인과 실크로드〉의 경우, '쇼소인이 세계의 보고다'라는 문맥은, 표현은 조금 이상하지만, '차고 넘칠 정도로 있었다'라는 의미가 아닐까. 다시 말해 ①에 관해서는 '알고도 남을' 정도로 문맥이 존재했다고 생각한다.

게다가 일본 역사 등에는 '쇼소인이 세계의 보고'라는 것은 상당히 깊숙이 각인되어 있을 것이다. 그러니 ②에 대해 말하자면, 이 '세계의 보고다'라는 스키마도 아마 발동됐을 것이라고 쉽게 상상할 수 있다.

③④에 대해서는 ①②가 강력한 만큼 '건너뛰며 읽기'가 일어나 버렸으리라 생각할 수 있다. 그 결과, 이 '건너뛰며 읽은' 부분에 문맥이 침입해, 각 부분의 기술에서 문맥에 맞는 대략적인 의미가 도출됐으리라.

이 대략적인 의미는 전체적인 분위기와도 어울리기 때문에 부분과 부분 사이는 느슨하게 관련지어져, 결과적으로 일종의 '아는' 상태가 만들어진 것이다. 다시 말해 이렇게 해서 틀린 '안다는 착각' 상태가 성립된 것이다.

부분을 읽지 않는다

거듭 말하지만, '틀린 안다는 착각' 상태에서는 부분을 '건너뛰며 읽기' 때문에 정확한 의미가 도출되지 않는다. 대략적인 전체 문맥을 부술 정도로, 부분을 정확하게 읽지 않았기 때문에 틀린 상태가 유지된다.

간단히 말하면, **부분을 충분히 읽지 않거나 틀리게 읽어서** '틀린 안다는 착각'이 성립하는 것이다.

이 책을 여기까지 열심히 읽은 독자라면 예외겠지만, 어쩌면 대다수 사람들이 이런 설명을 의외라고 여길지도 모르겠다.

왜냐하면 대다수 사람들은 '읽기'라는 작업을 부분적인 이해를 쌓아올려 전체적인 이해를 만들어 내는 것이라고 여기기 때문이다. 달리 말하면, 대다수 사람들은 부분을 읽을 때는 글자 그대로 읽고 이해하면 되니까, 이 단계에서 틀리는 경우는 적을 것이라고 여기지 않을까? 즉 만약 글을 오독한다면, 그것은 부분을 쌓아올려 보다 전체적인 이해를 만들어 내는 나중 단계에서 발생할 것이라고 여기는 사람이 대부분일 것이다.

하지만 제2장에서 서술했다시피 우리는 오히려 문맥을 사용해 부분을 읽는다. 그러므로 문맥을 사용해 부분에서 틀린 의미나 막연한 의미를 끌어내고, 틀린 '안다는 착각'을 유지하게 된다.

제3장에서 〈쇼소인과 실크로드〉를 읽으면서 우리가 부분에서 얼마나 틀리거나 막연한 의미를 끌어냈는지 떠올려 보길 바란다. 또 제1장 〈여보세요 엄마〉에서 처음 읽고 '안다는 착각'에 빠져 있었을 때는 부분을 충분히 읽지 않은 상태였음을 떠올려 보라. 그렇게 한다면, 언뜻 의외라고 여겨지는 결론도 확실히 납득할 수 있으리라 생각한다.

'틀린 안다는 착각'에 한 가지 덧붙이고 싶은 것이 있다. '틀린 읽기' 때문이든 '불충분한 읽기' 때문이든 '안다는 착각'에 본질적인 차이는 없다. '틀린' 또는 '불충분한 안다는 착각'이 유지되는 까닭은 두 경우 모두 '부분을 제대로 읽지 않았기' 때문이다.

다만 이번 절에서 굳이 '틀린 안다는 착각'을 다룬 데는 이유가 있다. '부분을 읽지 않았기' 때문에 '안다는 착각'이 유지된다는 점을 똑똑히 보여주려면, '불충분한 읽기'만으로는 임팩트가 약하다고 생각했기 때문이다. 부분을 '불충분하게 읽는' 바람에 전체적으로 불충분한 '안다는 착각'이 유지된다고 말해 봤자, 대다수 사람들은 당연한 소리 아니냐고 하지 않을까?

   그런데 '틀린 읽기'는 글자 그대로 틀렸으니까, 어딘가에 명확하게 미비한 점이 반드시 있다고 여기지 않을까? 그리고 그 미비한 점이 바로 '부분 읽기'에 있다고 하면, 부분을 읽는 과정은 글자 그대로 읽어서 틀릴 여지가 적다고 생각하기 십상이니, 임팩트가 결코 작지 않을 것으로 생각했다. 이것이 이번 절에서 '틀린 안다는 착각'을 다룬 이유다.

   '틀린 안다는 착각'도 '불충분한 안다는 착각'도 똑같은 구조로 유지된다. 명확한 문맥이 존재하고, 이것에 꿰맞추는 식으로 부분이 막연하게 읽히거나, 부정확하게 읽히거나, 건너뛰며 읽히는 것이다. 이를 염두에 두고, 다음 절에서는 '안다는 착각'이 어떤 경우에, 즉 어떤 문맥에서 일어나기 쉬운지 생각해 보자.

02

문맥의
마력

'결과로부터'라는 안다는 착각

〈쇼소인과 실크로드〉를 예로 든 앞 절의 설명을 읽고 '틀린 안다는 착각'도 존재할 수 있음을 이해했으리라 생각한다. 전체적인 분위기라는 '마력'의 영향을 받아, 부분을 정확하게 읽지 않고 부분에서 전체적인 분위기에 어울리는 막연한 의미밖에 끌어내지 않음으로써 일종의 정합적(整合的) 상태를 만들어 내는 것이다.

'틀린 안다는 착각'을 만들어 낼 정도로 문맥의 힘은 크다. 문맥은 '양날의 검'이다. 적절한 문맥이 없으면 '모르는' 상태를 야기하지만, 존재하는 문맥이 강력하면 강력할수록 그것의 영향을 받아 틀릴 가능성이 높아진다.

문맥의 '마력'을 보여주는 심리학 실험도 적지 않다. 예를 들어 미리 화자의 의견을 청자에게 알려 두면, 청자는 이야기 내용을 그에 맞춰 해석하기 쉽다는 것을 보여주는 실험도 있다(Wertsch, 1975).

또 같은 글을 주면서 다른 문맥을 시사하면, 각 문맥에 맞춰 글에서 다른 부분을 선택적으로 읽어버린다는 내용의 실험도 있다(Pichert and Anderson, 1977).

이번 절과 다음 절에서는 이 문맥의 '마력'을 전제로 '안다는 착각'이 어떤 문맥에 의해 유발되는지, 그 유형을 분류해 가며 확인해 보자.

우선 다음 예에서 생각해 보자.

《높이 나는 날다람쥐 멀(Merle the High Flying Squirrel)》(빌 피트Bill Peet)이라는 초등학교 3학년 교과서에 실렸던 이야기다. 대도시 공원에서 항상 벌벌 떨면서 살던 다람쥐가 서부에 있는 큰 나무 숲 이야기를 듣고, 가고 싶다고 생각하다가 결국 그곳에 다다른다는 이야기다.

그러나 막상 출발은 했지만 가도 가도 대도시 밖으로조차 나갈 수 없었다. 그래서 돌아가려는데, 어딘가에 걸린 연을 풀어주려다 결과적으로 연에 매달려 서부에 도착해 버린다. 그런데 이 이야기를 읽은 어린이들 중 일부는 (유감스럽게도 일부 대학생도 그랬지만) '연을 붙잡은 것은 서부에 가기 위해서였다'라고 읽어버렸다. 작중 여러 작은 사건들이 일어나고, 한 번 읽은 다음 본문을 보지 않고 대답해야 하는 조금 힘든 조건이기는 했지만, 이런 오독이 일어난 것이다.

이 오독은 읽는 이가 처음부터 갖고 있던 스키마 때문이 아니다. 왜냐하면 '다람쥐가 서부에 간다'라는 매우 '개별적이고 특수한' 스키마를 읽는 이가 처음부터 갖고 있었다고는 도저히 생각할 수 없기 때문이다. 따라서 '연을 붙잡은 것은 서부에 가기 위해서였다'라는 오독은 글 자체, 그것도 글의 결말에서 큰 영향을 받았기 때문이라고 여겨도 문제없다.

읽는 이가 글을 한 번 읽고 나서, 혹은 읽는 도중에 "아아, 이건 다람쥐가 서부에 가는 이야기구나"라는 문맥을 만들어 내는 것이다. 그리고 이 문맥에 맞춰 부분을 오독하거나, 건너뛰며 읽은 부분을 이 문맥에 맞추는 식으로 상기하는 것이다.

이처럼 읽는 이가 글의 구성 그 자체로 인해 오도되기 쉬운 '안다는 착각'이 존재한다는 것을 확실히 인식해 두자. 읽는 이가 글의 결말에 강한 영향을 받은 문맥을 만들어 내고, 이를 사용해

다양한 '안다는 착각'

각 부분을 오독함으로써 '안다는 착각'에 넘어가 버리는 것이다.

'처음부터'라는 안다는 착각

지금부터 서술할 '안다는 착각'은 "'결과로부터'라는 안다는 착각"의 변주다.

〈냐고(ニャーゴ)〉(미야니시 다쓰야宮西 達也)라는 이야기는 초등학교 2학년 교과서에 실렸다. '냐고'란 고양이가 쥐를 덮칠 때 위협적으로 내는 울음소리다. 선생님의 말을 듣지 않아 고양이가 얼마나 무서운지 배우지 못한 아기 쥐 세 마리가 냐고 하고 나타난 고양이를 무지하고 천진하게 대한다. 이 때문에 고양이는 아기 쥐들과 오랜 시간 행동을 함께하고, 결국 아기 쥐들을 잡아먹는 데 실패한다는 이야기다. 마지막에는 아기 쥐들이 냐고라는 말을 단순한 인사로 받아들이는 바람에 고양이도 어쩔 수 없이 작은 소리로 "냐고" 하고 대답한다.

이야기가 거의 끝날 때까지도 고양이는 아기 쥐들을 잡아먹으려고 생각한다. 그런데 이 이야기를 읽은 아이들은 고양이가 꽤 일찌감치 아기 쥐들을 잡아먹을 생각을 버렸다고 말한다. 대학생이나 어른 중에서도 이와 비슷하게 반응하는 사람이 적지 않다. 무지한 아기 쥐들의 천진한 행동에 당혹스러워하는 고양이의 모습이 그려졌기 때문에, 고양이의 성격이 선량하다고 생각하고, 이것이 일찌감치 아기 쥐들을 잡아먹을 생각을 버렸다고 파악하는 원인이 된 것 같다.

이런 오독은 큰 의미에서 "'결과로부터'라는 안다는 착각" 때문이라고 해도 될지 모른다. 결과적으로 잡아먹지 않았기 때문에, 이에 맞춰서 그보다 앞부분을 읽어버리는 것이다.

그러나 "'결과로부터'라는 안다는 착각" 때문이라고만 말해버리기에는 조금 석연치 않은 구석이 있다. 왜냐하면 앞에서도 서술했다시피, '일찌감치 잡아먹을 생각이 버렸다'고 '읽는 것'은 아기 쥐들의 무지하고 천진한 행동에 당혹스러워하는 고양이의 모습이 그려진 것과 큰 관계가 있기 때문이다. 읽는 이는 이 부분에서 고양이의 성격이 선량하다고 생각하기 시작한다. 그리고 읽는 이가 끝내 가지는 그 문맥과 분위기 때문에 오독하고 만다. '처음부터 잡아먹을 생각이 없었다'라고 '읽는' 극단적인 경우마저 있다. 원래 좋은 고양이이기 때문에 잡아먹으려고 하지 않는다는 것이다.

이처럼 '결과'+'당혹스러워하는 기술'이 오독으로 이끈다. 결국 앞서 설명한 "'결과로부터'라는 안다는 착각"뿐만이 아니므

다양한 '안다는 착각'

로, 이런 경우에는 "'처음부터'라는 안다는 착각"이라고 부르고자 한다.

티격태격하면서도 마지막에는 좋은 친구가 된다는 이야기를 생각해 보길 바란다. '티격태격'을 나타내는 기술 속에서 '친구에 이르는' 어떤 분위기를 감지하고, 처음부터 의식적으로 친구가 되고 싶어 했다고 파악하기도 한다.

마지막에는 친구가 되니, 당연히 그런 징후가 하나나 둘쯤은 글에 적히는 것이 보통이다. 하지만 처음에는 티격태격하니까, 처음부터 친구가 되고 싶어 했다는 것은 지나친 해석이다.

'사이가 좋으니까 싸우는 것이다'라고 해석하는 경우도 있는데, 이 역시 "'처음부터'라는 안다는 착각"이라는 문맥에 현혹된 오독이라고 할 수 있다.

징후는 있다고 해도, 처음부터 친구가 되고 싶다고 전면적으로 생각하지는 않는다. 이런 글에서는 '서서히 일어나는 변화'를 읽어야 한다. 이를 처음부터 '같은 색 페인트'로 칠해 버리면 작품의 재미를 맛보지 못할 수도 있다.

"'처음부터'라는 안다는 착각"은 변화의 재미, 현묘함을 맛보지 못한다는 결함을 갖는다. "'결과로부터'라는 안다는 착각"의 경우도 마찬가지로 이 결함이 있다. 프로세스의 미묘함을 맛볼

기회를 놓칠 수도 있다.

'여러 가지'라는 안다는 착각

다음은 "'여러 가지'라는 안다는 착각"이다. 명칭도 별난 '안다는 착각'이 등장했다고 생각하고 있으리라.

세상 모든 일에는 여러 가지가 있다. 그리고 세상 모든 일에 여러 가지가 있는 것은 당연하다. 이런저런 인간이 있고, 갖가지 모양의 차가 있다. 그러므로 여러 가지가 있는 것은 너무나 당연하다. 그래서 사람은 '여러 가지가 있구나' 하고 인식한 시점에서 그 이상을 추구하지 않게 된다. 이것이 "'여러 가지'라는 안다는 착각"의 마력이다.

이 정도 설명으로는 알기 힘들 테니 예를 들어보자. 초등학교 1학년 교과서에 다음 설명문이 실려 있다.

 여러 가지 배

배에는 여러 가지가 있습니다.
객선은 많은 사람을 실어 나르기 위한 배입니다.

이 배 안에는 객실이나 식당이 있습니다.
사람은 객실에서 쉬거나, 식당에서 식사를 합니다.
페리보트는 많은 사람과 자동차를 함께 실어 나르기 위한 배입니다.
이 배 안에는 객실이나 차를 세워 두는 곳이 있습니다.
사람은 차를 배에 넣고 나서 객실에서 쉽니다.
어선은 물고기를 잡기 위한 배입니다.
이 배는 물고기 떼를 찾는 기계나 그물을 싣고 다닙니다.
찾아낸 물고기를 그물로 잡습니다.
소방선은 배에 난 불을 끄기 위한 배입니다.
이 배는 펌프나 호스를 싣고 다닙니다.
불이 나면 물이나 약을 뿌려서 불을 끕니다.
여러 가지 배가 각각의 역할에 맞게 만들어져 있습니다.

어떤가? 모르는 부분은 없을 것이다. '여러 가지 배가 있다'라는 문맥 아래 이에 적합한 네 가지 사례를 들고 있다. 그리고 이것들은 '배의 구조'라는 점에서 부분과 부분 사이가 관련지어져 있다. 이로 인해 '아는' 상태가 구성되므로 모르는 점은 없으리라.

그리고 이 이상 더 잘 읽을 필요를 느끼지 않는 것이 아닐까 하는 생각도 든다. 어쩌면 이 이상 더 잘 읽을 수 없다고까지 느끼는 것은 아닐까 싶어 걱정스럽다.

'읽기'에 깊이를 더하기 위한 작업

여기서 내가 하고 싶은 말은 아마도 대다수 독자 여러분은 '안다는 착각' 상태에 빠져 있으리란 것이다. 이미 몇 번이나 서술했다시피, '안다는 착각'은 나중에 생각하면 불충분한 상태임을 의식할 수 있지만, 당시에는 '아는' 것 같은 상태다.

마찬가지로 전술한 내용이지만, '안다는 착각' 상태는 일종의 '아는' 상태이므로 '모르는 부분이 보이지 않는다'는 의미에서 안정돼 있다. 모르는 경우에는 곧바로 그다음을 탐색하기 시작할 텐데, '모르는 부분이 보이지 않기' 때문에 탐색하려 하지 않는 경우가 대부분이다. 지금이 바로 그런 상태가 아닐까 걱정스럽다.

이 글은 여러 가지 배에 대해 쓰고 있다. 이런 의미에서 통일성을 갖춘 글이다. 여러 가지 구조의 배가 있다는 것 이상으로 어떻게 읽을 수 있느냐고 묻고 싶을지도 모르겠다. 만약 그렇다면, 그런 상태에 있는 독자는 "'여러 가지'라는 안다는 착각"에 사로잡혀 있는 것이다.

글을 항상 깊이 읽을 필요는 없다. 이 배에 관한 글을 반드시 지금 이상으로 깊이 읽어야 할 필요가 있는 것은 아니다. 다만 "'여러 가지'라는 안다는 착각"에 사로잡혀 있는 지금 상태가 '안다는 착각' 상태임을 나타내기 위해, 또한 이런 경우에 더 잘 읽으려면 어떤 방법이 효과적인가—이를 나타내기 위해 다음과 같은 작업을 해 보겠다.

현재의 '아는' 상태(사실은 '안다는 착각' 상태)는 '여러 가지 배가 있다'라는 문맥 아래, 이에 적합한 네 가지 사례를 드는 형식으로 구성돼 있다. 즉 각 부분의 기술에서 사례로서의 대략적인 의미밖에 도출돼 있지 않다. 따라서 더욱 개별적인 구체성을 가진 의미를 도출할 수 있다면 '안다는 착각'에서 탈출할 수 있다.

이 글에는 여러 가지 배가 있다고 적혀 있지만, 그 어떤 관점도 없이 여러 가지가 있다고 적혀 있는 것은 아니다. 마지막 문장에 "여러 가지 배가 각각의 역할에 맞게 만들어져 있습니다"라고 적혀 있다. 즉 '역할'과 그에 '맞게 만들어진' 것이 적혀 있다. 바꿔 말하면 '목적·기능'과 이를 달성하기 위한 '구조·설비'에 대해 적혀 있는 것이다.

각 부분의 기술을 "'목적·기능'과 이를 달성하기 위한 '구조·설비'"라는 보다 상세한 문맥으로 다시 한 번 살펴보자(사실은 '구조·설비'의 '사용법'에 대해서도 적혀 있지만, 간단히 하기 위해 여기서는 '사용법'은 다루지 않겠다).

'목적·기능'과 '구조·설비'는 대응하는가

제1장에서 〈여보세요 엄마〉에 대해 표를 만들어 '개체 식별'을 했던 것, 그리고 그다음에 한 작업 중 '각 아기 고양이의 성격'과 '각 대화 내용'을 관련지었던 것을 떠올려 보길 바란다. 여기서도 이와 같은 작업을 해 보고자 한다.

배마다 각각의 '목적·기능'과 '구조·설비'를 대응시킨 표를 만들어 봤다(표 4-3).

표 4-3

배의 종류	역할(목적·기능)	맞게 만들어져 있다 (구조·설비)
객선	많은 사람을 실어 나른다.	객실이나 식당
페리보트	많은 사람과 자동차를 함께 실어 나른다.	차를 세워 두는 곳, 객실
어선	물고기를 잡는다.	물고기 떼를 찾는 기계, 그물
소방선	배에 난 불을 끈다.	펌프, 호스

이 표를 토대로 "'목적·기능'과 이를 달성하기 위한 '구조·설비'"라는 보다 상세한 문맥을 사용해 각 부분의 기술을 다시 한 번 살펴보자.

'객선'은 "많은 사람을 실어 나르기" 위해 "객실이나 식당"을 갖추고 있다고 적혀 있다. '사람을 실어 날라야' 하니 '객실'을 갖추고 있다는 것은 간단히 알 수 있다.

하지만 '식당'에 관해서는 어떨까? 조금 의식적으로 노력하지 않으면 관련짓기 어렵지 않을까? 그래서 '시간'이라는 것이 관계한다고 생각하면 어떨까? 도중에 식사를 하지 않으면 안 될 정도로 오랜 시간 승선한다고 생각하면 관련지을 수 있다. 승선 시간이 긴 외국 항로 등을 다니는 객선에 식당이 없는 것은 생각도 할 수 없다. 거꾸로 세토내해(瀨戶內海) 등에서 본토와 섬을 잇는 것처럼 항로가 짧은 객선에는 아마 식당이 있는 경우가 적으리라.

다음으로 '많은'이라는 단어에 대해 생각해 보자. '많'아서 '객실이나 식당'을 갖췄다고 하기는 어려울 것이다. 사람이 많든 적든 객실이나 식당이 있다고 해서 이상할 것은 없다. 이런 의미에서 이 부분은 "'목적·기능'과 이를 달성하기 위한 '구조·설비'"라는 대응 관계에 완전히 들어맞지는 않는다.

따라서 이 점에 관해서는 "'목적·기능'과 이를 달성하기 위한 '구조·설비'"라는 제약을 조금 느슨하게 생각하지 않으면 안 된다. 몇몇 특수한 예외를 제외하고, 속도는 느리지만 한번에 대량으로 운송할 수 있다는 점이 선박의 일반적인 특징이다. 글쓴이가 이를 전제했기 때문에 "객선은 많은 사람을 실어 나르기 위한 배입니다. 이 배 안에는 객실이나 식당이 있습니다"라고 썼으리라 여겨진다.

'글에 없는 것'을 생각하기 위해서는

'페리보트'에 대해서는 구조·설비로 '차를 세워 두는 곳'과 '객실'이 적혀 있다. 조금 집요한 것 같지만, 여기서는 식당을 언급하지 않는다. 앞의 '객선'과 마찬가지로 장거리 페리에는 식당이 있을 테고, 근거리의 경우에는 적을 것이다. 글쓴이의 이미지 속에 '객선'에 대해 쓸 때는 장거리 객선이, '페리보트'에 대해 쓸 때는 근거리 페리가 있었는지도 모르겠다.

그런데 '페리보트'에 대해서는 페리 특유의 차 관련 사항이 적혀 있다. 당연하지만 이처럼 '적혀 있는 내용'은 글쓴이가 선택한 것으로, 이것 외에 적혀 있지 않은 사항은 무수히 많다.

글에 없는 사항을 생각하는 것도 더 잘 읽는 데 도움이 되는 경우가 꽤 있다. 다만 **글에 없는 사항을 생각하려면 이를 탐색하기 위한 도구가 필요하다는 것을** 잊지 말길 바란다. 이 글에서 우리가 사용하고 있는 것은 "'목적·기능'과 이를 달성하기 위한 '구조·설비'"라는 문맥이다. '여러 가지가 있다'라는 대략적인 문맥이 아니라, 보다 상세하게 검토할 수 있게 해 주는 문맥이다.

'글에 없는' 것에 초점을 맞출 경우, '어선' 부분에서는 뭘 읽을 수 있을까? 잡은 물고기를 보관할 공간 등에 대한 기술이 없다. 하지만 잘 읽어보면, 글쓴이는 "여러 가지 배가 각각의 역할에 맞게 만들어져 있습니다"라고 "'목적·기능'과 이를 달성하기 위한 '구조·설비'"에 주목하고 있음을 알 수 있다. 그리고 글쓴이는 '어선'의 경우, "어선은 물고기를 잡기 위한 배입니다"라며 '잡는' 것에 중점을 두고 있다. 그러므로 어군 탐지기나 그물은 언급하지만, 보관 공간 등은 생략한 것으로 짐작할 수 있다. 여담이지만 글쓴이가 보관 공간 등을 기술했다면, 아마도 '어선'은 물고기를 '잡아 오기' 위한 배라는 식으로 목적·기능에 중점을 둔 글쓰기 방식을 택했을 것이다.

'여러 가지가 있다'라는 문맥의 마력

이제 "'여러 가지'라는 안다는 착각"을 정리해 보자.

〈여러 가지 배〉를 처음 읽었을 때보다 더 잘 읽었다는 실감이 드는가? 다소 지나치게 상세하다고 느끼는 독자도 적지 않을지 모르겠다. 다만 지금까지의 작업으로 "처음 읽었을 때보다 조금은 나아가고 있다", 또는 "더 읽을 필요는 없다고 느꼈는데, 방향은 차치하고 더 파고들어야 할 것이 있다"라는 것만 동의한다면 목적은 달성했다고 생각한다.

처음 읽었을 때보다 더 잘 이해한다는 것은 "'목적·기능'과 이를 달성하기 위한 '구조·설비'"라는 더욱 상세한 문맥을 도구로 글을 재검토함으로써, 각 부분에서 더 자세한 의미를 끌어낼 수 있었다는 뜻이다. 또한 이는 처음 읽었을 때는 '안다는 착각'에 빠져 있었음을 의미한다. 그리고 이는 '여러 가지가 있다'라는 문맥의 존재를 방증한다고도 생각한다.

"'여러 가지'라는 안다는 착각"을 처음 서술할 때 적었듯이 세상 모든 일에는 여러 가지가 있다. 그리고 그것은 당연하다. 하지만 이 다양성에 압도된 나머지 '여러 가지가 있다'라고 생각하면, 사람은 그 이상을 추구하지 않게 된다. 또는 그 이상 탐구하는 것이 귀찮아, '여러 가지가 있다'라고 생각하는 것으로 결론을 내린 셈 칠 수도 있으리라. 이것들이 '여러 가지가 있다'라는 문맥의 마력이 초래하는 결과다.

이 '여러 가지가 있다'라는 문맥의 마력은 사실 글을 이해하는 것에만 한하지 않는다. 이때 다종다양한 사항에 대해 어떤 분류나 정리를 할 수 있을 경우, 우리는 결코 '여러 가지가 있다'는 말로 탐구를 단념하지 않으리란 것을 상기하길 바란다.

예를 들어 해초에는 다양한 종류가 있다. 광합성에 붉은 빛을 사용하는 녹조류는 흡수되지 않는 녹색 빛 때문에 지상에 있는 식물과 마찬가지로 녹색으로 보인다. 또 바다 깊은 곳에서는 위에서 비치는 빛이 푸르스름해진다. 이 부근에 서식하는 홍조류는 이 푸른빛을 광합성에 이용할 수밖에 없고, 흡수되지 않는 붉은빛 때문에 색이 붉어진다. 녹조류와 홍조류의 중간이 다시마 같은 갈조류다.

이처럼 다종다양한 해조도 색에 따라 분류되고, 정리가 된다. 이런 경우, 사람은 '여러 가지가 있다'라며 탐구를 멈추지 않는다. 분류나 정리가 잘될 것 같지 않을 때 '여러 가지가 있다'는 식으로 하는 말이 변명처럼 쓰이는 것이 아닐까?

03

스테레오타입 스키마

스키마를 보다 강력하게 쓰는 법

 '문맥'이나 '스키마'를 명확하게 하기 위해 제2장에서 인지심리학적 실험을 소개했다. 그중 몇 가지는 문맥의 의의나 효과를 밝히기 위해 의도적으로 문맥을 알 수 없게 만든 것이었다. 그리고 제2장에서의 결론은 '문맥'이 특정 '스키마'를 시사하고 '활성화'해, 그 스키마가 문맥에서 얻을 수 있는 지식과 공동으로 글을 처리하는 데 쓰임으로써 글을 이해한다는 것이었다.

 이는 이것대로 맞는 말이다. 하지만 실제로 우리가 보는 글은 어떤 이야기를 하는지 알 수 있는, 상황이 비교적 명확한 것이 대부분이다. 그리고 '안다는 착각'과의 관계로 말하자면, 이런 글을 읽을 때는 읽는 이가 그 글과 접하면서 자신의 '문맥'을 어떻게 만드는지가 중요하다.

이런 의미에서 앞 절에서 다룬 "'결과로부터'라는 문맥", "'처음부터'라는 문맥", "'여러 가지가 있다'라는 문맥"은 우리가 현실의 글을 읽을 때 자칫하면 안이하게 만들어 낼 수 있는 것들뿐이다. 이러한 문맥을 이용하면 '안다는 착각'에 빠지기 쉽고, 때문에 그런 상태에서 사고 정지를 일으키기 쉬워지는 것이다.

그런데 앞 절에서 다룬 것은 **읽는 이가 각 글의 구성상 특징으로부터 영향을 받아 만들어 내기 쉬운 문맥**이었다. 이번 절에서는 **읽는 이가 처음부터 갖고 있던 '스키마'가 상당히 직접적으로 작용하는 경우**에 대해 생각해 보자.

우선 마가라가 행한 실험부터 살펴보자(1994). 그는 기노시타 준지(木下順二)의 《유즈루(夕鶴)》(은혜 갚은 학에 대한 일본 민화를 토대로 한 희곡. 덫에 걸린 학을 구해 준 요효에게 어느 날 쓰우라는 여인이 찾아와 아내로 맞아 달라고 하면서 벌어지는 이야기-옮긴이)를 재료 삼아, 틀린 '읽기'가 발생한다는 것을 보고했다. 그는 다음과 같이 서술했다.

 이 작품에서, 쓰우가 요효를 찾아와 천을 짠 이유를, 구해 준 것에 대한 '보은'이라고 읽는 것이 맞을까? 이런 해석은 글에 입각해 부정된다. 예를 들어 작중에는 "그런 요효의 친절에 기뻐하며, 학은 '쓰우'라는 여인으로 변해 요효에게 시집을 온 것입니다", "쓰우의 소원은 돈도 도시도 아닌, 그저 요효와 둘이서 즐겁게 일하며 언제까지나 함께 살아가는 것뿐이었습니다"라고 돼 있기 때문이다.

그러고는 "쓰우는 왜 아름다운 천을 짰다고 생각하는가?"라는 질문과 함께 선택지를 제시했다. 피험자인 대학생들이 글을 한 번 읽고 고른 결과의 비율은 다음과 같았다.

① 은혜를 갚기 위해   63%
② 부자가 되기 위해   0%
③ 요효와 행복한 한때를 보내기 위해   33%
④ 모르겠다   4%

다양한 '안다는 착각'

스테레오타입 스키마의 마력

'보은'이라고 대답한 사람이 이렇게나 많다. 부분을 정확하게 읽지 못했다는 것이 명백하다.

그래서 첫 질문을 한 뒤에 "쓰우의 소원은 돈도 도시도 아닌, 그저 요효와 둘이서 즐겁게 일하며 언제까지나 함께 살아가는 것뿐이었습니다"라는 본문의 지정된 부분을 읽히고, 다시 한 번 "쓰우는 왜 아름다운 천을 짰다고 생각하는가?"라고 질문했다.

그러자 "은혜를 갚기 위해"를 선택한 사람이 63%에서 17%로 감소하고, "요효와 행복한 한때를 보내기 위해"를 선택한 사람은 33%에서 81%로 증가했다.

주의를 촉구하고 관련 부분을 다시 읽으라고 하면 이렇게 변화하는 것이다. 이는 처음 읽을 때 관련 부분을 건너뛰었거나, 혹은 '보은'이라는 문맥에 맞는 범위 안에 머무르며 관련 부분에서 막연한 의미밖에 끌어내지 않았음을 의미한다.

이렇게 해서 틀린 '안다는 착각'이 구성되고, 주의를 환기시킬 때까지 부정되지 않고 유지된다고 짐작할 수 있다.

마가라는 대학생들이 《유즈루》를 이렇게 '오독'하는 것은 피험자들이 이미 갖고 있던 민화 〈학의 보은〉에 대한 지식 또는 '보은'이라는 스키마에 강한 영향을 받았기 때문이라고 생각한다. 나아가 이런 문제는 '보은'에 한하지 않고, "다양한 문학 작품을 읽을 때 글 자체에서 뒷받침받지 못하는데도 불구하고, 스테레오타입화된 '권선징악'이나 우화적 구조라고 파악하는 등과 같은 일이 생길 가능성이 크지 않은가"라고 서술한다.

제2장에서 '스키마'란 읽는 이가 이미 갖고 있던 어떤 것에 관한 지식 꾸러미라고 서술했다. 또한 '문맥'이 특정 '스키마'를 시사하고 '활성화'해, 그 스키마가 문맥에서 얻을 수 있는 지식과 공동으로 글을 처리하는 데 쓰임으로써 글을 이해하게 된다고도 서술했다.

그러나 여기서 마가라가 지적하는 것은 '스키마'의 더욱 강력한 기능이라고 생각하는 편이 좋다. 지금까지 예시로 들었던 '스키마'가 문맥에 부수적으로 작용하는, 말하자면 '보조적인' 것이었던 데 비해, 《유즈루》에서의 '스키마'는 계속 강하게 작용한다.

문맥이 '배경과 상황'을 나타내고, 글을 파악할 때 큰 틀을 정하고, 부분에서 의미를 끌어낸다는 것은 지금까지 설명해 온 바와 같다. 이런 의미에서 《유즈루》의 경우에는 읽는 이가 가진 '스키마'가 거의 그대로 문맥으로 직접 기능한다고 해도 되지 않을까? '스키마'로 인해 글에서 기술된 부분을 건너뛰며 읽고, 거기서 끌어낼 수 있는 의미가 이미 결정돼 있는 것처럼 여겨지기 때문이다.

이처럼 읽는 이가 자신이 가진 '스테레오타입 스키마'를 글에 간단히 조잡하게 꿰맞춰 버림으로써 틀린 '안다는 착각'이나 불충분한 '안다는 착각'을 만들어 내는 경우가 있다는 것을 우리는 분명히 확인해 둘 필요가 있다.

이야기 스키마

다음도 '스테레오타입 스키마'를 글에 간단히 조잡하게 꿰맞춰 버린 예다.

모리 오가이(森鷗外)의 유명한 단편 중 〈다카세부네(高瀬舟, (바닥이 평평하고 얕아 강, 호수 등에서 타는 배-옮긴이))〉가 있다. 유배 가는 죄인을 호송하는 '다카세부네'에서 기스케의 죄인 같지 않은 모습이 신경 쓰인 병졸 쇼베가 그의 신상 이야기를 듣고 생각에 잠긴다는 내용으로 고등학교 교과서에도 실렸다.

이 〈다카세부네〉를 읽고 처음 느낀 감상을 다음과 같이 쓴 고등학생도 적지 않다.

"왜 동생을 죽여야만 했을까……. 병졸과 죄인의 관계가 아닌, 두 사람만의 관계가 생겼다고 생각합니다."
"쇼베의 심정과 조금은 통한 것 같은 기분입니다."
"쇼베는 가스케를 섬으로 보내야만 했지만, 가스케에 대한 마음이 부드러워져 버렸다."

원문을 확인하면 알겠지만, 가스케는 그저 담담히 자신의 이야기를 할 뿐이다. 그 이야기에 경탄하기도 하고, 자신의 가치관이 흔들리는 경험을 하는 것은 쇼베 혼자뿐이다. 가스케는 그런 쇼베의 모습에 의아한 표정을 지을 정도다. 하지만 읽는 이는 "두 사람만의 관계"라든가 "심정이 통했다"든가 "마음이 부드러워졌다"라고 파악한다.

물론 '심정이 통한다'거나 '부드러운 마음'이 나쁜 것은 아니다. 오히려 '선한 것'임이 분명하다. 문제는 이 '선한 것'들을 글 속에서 그럴듯하게 기술된 부분에 간단히 꿰맞추고는 '파악'했다고 여기는 것이다. 다시 말해 처음부터 갖고 있던 '심정이 통한다'거나 '부드러운 마음' 같은 '스테레오타입 스키마'를 글에 간단히 조잡하게 꿰맞춰 버렸다.

《유즈루》와 〈다카세부네〉의 예는 '스테레오타입 스키마'에 꿰맞춘다는 점에서는 똑같다. 다른 점이 하나 있다면, 《유즈루》의 경우는 '꿰맞춰진 스키마'가 이야기 전체에 관여한다는 점이다. 이는 '이야기 스키마'라고 불리기도 한다. 이에 비해 〈다카세부네〉의 경우는 '꿰맞춰진 스키마'가 이야기 전체에 관여한다기보다 그중 일부와 관련돼 있다.

'선한 것'의 마력

지금부터는 부분에 관련된 '꿰맞춰진 스키마'에 의한 '안다는 착각'에 대해 조금 설명하려 한다.

다소 날카롭게 들리더라도 이해해 주길 바란다. 〈다카세부네〉에서 '꿰맞춤'이 일어나는 까닭은 꿰맞추는 것이 '선한 것'이기 때문이 아닐까? '악한 것'이라도 이런 일이 일어날까? 분명일어나지 않을 것이다.

'선한 것'으로 인해 '꿰맞춤'이 일어나는 것은 '선한 것'이 누구에게라도 인정받기 쉽기 때문이지 않을까? 다른 사람에게 인정받기 쉽고, 스스로도 '안다는 착각'에 빠지기 쉬운 '무난'한 것이 '선한 것'으로 인한 '꿰맞춤'의 배경에 있는 듯한 기분이 든다.

간단한 예를 생각해 보자. 현재, 환경 파괴가 진행돼 그 폐

해가 여기저기서 드러나고 있다. 그 대부분의 원흉은 인간의 생산·소비 활동과 많은 관계가 있으므로, 환경 문제라고 하면 곧장 인간이 나쁘다는 논리로 흐를 가능성이 있다. 이는 이것대로 어느 정도는 맞는다고 생각한다.

하지만 환경 문제가 화제로 떠올랐을 때 실제로 구체적으로 검증하는 과정 없이 '악인론'이 대두되고, 그 결과 '안다는 착각'에 빠지는 경우도 없지 않다.

우리는 이처럼 '악인론'이나 '친환경' 등 현대라는 시대에 어울리고 받아들여지기 쉬운 지식을 많이 갖고 있다. 이것들은 각각 한 꾸러미의 지식군을 이루는 경우가 많을 테니 스키마라고 치자.

글을 읽을 때 이들 스키마가 '안다는 착각'으로 현혹하는 마물로 변하는 일은 충분히 있을 법하다. 오히려 이들은 상당히 위험하다고 여기는 편이 좋다고 생각한다.

이번 절에서 다룬 내용은 글에 그럴듯한 기술이 있으면 거기에 딱 들어맞을 것 같은, 시대에 어울리고 받아들여지기 쉬울 것 같은 스키마가 유발되며, 읽는 이가 이 스키마들을 사용해 부분을 건너뛰며 읽고, 자기 편한 의미를 끌어내 '안다는 착각'을 구성해 버린다는 것이다.

'무난'이라는 것의 마력

'친환경'이나 '과학 기술의 정체(停滯)', '힘을 얻는다', '함께 성장한다'와 같은 사고는 현대에서는 옳다고 인정받고, 또한 유행하고 있다. 이렇게 사회적으로 인정받아 통용성이 높은 것은 글을 읽을 때 안이하게 꿰맞춰진다.

이런 사고는 그 자체가 현대의 풍조와 맞을 테고, 정당한 것이라고 생각한다. 그런데 문제는 이것들을 생각하거나 느끼는 방식의 정당성에 있지 않다. 글을 읽을 때 글 안에 그럴듯한 기술이 있으면, 이들 사고를 간단히 꿰맞추고는 '파악'했다고 여기는 것이 문제다. 이래서는 글을 제대로 읽지 않았다고 주장하는 꼴이다.

또한 결코 '선한 것'이나 '정당한 것'이 '악한 것'이라고 말하는 것이 아니다. 오히려 이것들이 '안다는 착각'을 간단히 만들어 내는 것에, 그리고 엉터리로 읽게 만드는 것에 주의해 주길 바라는 것이다.

연습 문제를 하나 풀어보자. 초등학교 4학년 교과서에 실린 글의 일부다. 《곤충기》로 유명한 파브르의 다섯 살 때 일화다.

 어느 여름날 저녁, 집 근처 덤불에서 치이치이 하고 우는 것이 있었다. 파브르는 그것이 무엇의 소리인지 알지 못했다.

"앙리. 그런 데서 계속 뭘 하는 거니?"

할머니가 그렇게 말해도 파브르는 덤불 앞에서 가만히 귀를 쫑긋 세우고 있었다. 소리가 나는 쪽으로 다가가자 그 소리는 끊겼지만, 잠시 뒤 다시 시작한다.

파브르는 다음 날도, 그다음 날도 소리를 내는 것을 찾으러 갔다. 그리고 어느 날, 드디어 그것을 붙잡는 데 성공했다. 그것은 여치와 비슷하게 생긴 벌레인 동방중베짱이였다. 파브르는 궁금한 것이 있으면, 그것을 관찰해 확인하지 않고는 못 배겼다.

이 글은 구체적인 우화 뒤에 이에 대한 '코멘트'랄까 '정리' 같은 것이 이어지는 구성으로 이루어져 있다. 우선 이를 확인해 두자.

자, 어떤가? 이 글에서 위화감을 느끼는 부분은 없는가? 없다면 현혹당해 '꿰맞추기'를 하고 있을 가능성이 있다.

발췌한 글 마지막에 "궁금한 것이 있으면 그것을 관찰해 확인하지 않고는 못 배겼다"라는 기술이 있다. 이 기술된 내용 자체는 과학적인 자세로 이치에 맞다. 과학에서 의문과 관찰·실험이 필수적이며 중요하다는 사실은 말할 것도 없다. 아마 모두 동의하리라.

그렇다면 그 전에 동방중베짱이를 찾는 구체적인 과정은 "궁금한 것이 있으면 그것을 관찰해 확인하지 않고는 못 배겼다"에 상응하는 내용일까? 애초에 "무엇의 소리인지 알지 못했다"라는 것은 "궁금해하다"라는 의미일까?

'궁금증'을 느끼게 하는 것은 무엇인가

통상적으로 어떤 일이 궁금해지기 위해서는 당사자에게 어떤 '지식의 어긋남'이랄까 '예상이나 생각과의 차이'라는 것이 존재해야 한다. 예를 들어 일반적인 동물은 입으로 소리를 낸다. 하지만 귀뚜라미 같은 곤충을 관찰하면 그렇지 않다는 것을 알 수 있다. 아무래도 울음소리와 날개를 움직이는 방식이 상관이 있는 것 같다. 관찰자는 "혹시 날개를 맞비벼서 우는 걸까? 하지만 맞비비는 것으로 이렇게 아름다운 소리가 날 수 있을까?" 등과 같은 식으로 궁금증을 느끼는 법이다.

'서로 맞비벼서 내는 소리는 일반적으로 그리 아름답지 않다'라는 배경지식과 '맞비벼서 나는 아름다운 소리'라는 현실과의 '어긋남', '차이'가 궁금증을 자아내는 것이다. 이런 이유로 맞비비고 있는 부분의 상세한 재질·형상·무늬 등을 관찰하고 싶은 마음도 생긴다.

이를 염두에 두고 다시 한 번 파브르에 관한 글을 읽어보자.

애당초 "무엇의 소리인지 알지 못했다"라는 것은 "궁금해하다"라는 의미일까? 이 경우, 처음부터 곤충 소리라고 짐작하지 않았을까? 백번 양보해서 어떤 생물의 소리라고는 생각했을 것이다.

그리고 그럴 때 마음은 단순히 "어떤 생물일까?"라거나 "어떤 곤충일까?"라는 흥미이지 않을까? 이는 명백히 '어긋남', '차이'를 전제로 한 "궁금해하다"라는 상태와 다르다.

이 파브르에 대한 일화는 순수하게 읽으면 "어떤 곤충일까?" 하고 신경이 쓰여, "찾으러 가서" "붙잡는 데 성공했다"라는 단순한 내용이다. 이 경우, "찾으러 가서" "붙잡는 데 성공했다"는 행동을 '궁금증'+'관찰'이라고 표현하는 것을 타당하다고는 할 수 없으리라.

이 일화는 "벌레에 대해서라면, 어떤 벌레인지 어떻게든 확인하지 않고는 못 배겼다"라든가 "벌레에 대해서라면, 정말 끈

질기게 찾으려고 했다"와 같은 식으로 '정리'하는 것이 어울리지 않을까? 소년 파브르가 한 이 일련의 행동에 대해 "궁금해하다", 그리고 "관찰해서 확인하다"라는 표현이 적합하다고는 도저히 말하기 힘들다.

독자 여러분이 이 파브르에 관한 글을 처음 읽었을 때는 위화감을 느끼지 않다가 설명을 읽고 나서 "그러게, 이상하네" 하고 위화감을 느꼈다면, 처음 읽었을 때는 현혹돼 '궁금'하게 여긴 일을 '관찰'을 통해 확인하고자 하는 자세를 그럴듯하게 표현된 부분에 '꿰맞췄으리라' 생각한다. 여기서 '마물'을 좀처럼 얕볼 수 없음을 실감했다면 연습 문제를 푼 의의가 있다.

'무던'한 스키마

앞 절과 이번 절에서는 언제 '안다는 착각'에 빠지기 쉬운지를 서술했다.

앞 절에서 다룬 것은 주로 글에 오도됨으로써 빠지는 '안다는 착각'이다. 읽는 이가 글의 구성에 현혹돼, 그것에 꿰맞추는 식으로 '안다는 착각'을 만들어 내는 것이다. 이 '글에 의한 오도'라는 타입의 '마력'으로 "'결과로부터'라는 마력", "'처음부터'라는 마력", "'여러 가지'라는 마력"을 예로 들었다.

이번 절에서 다룬 것은 읽는 이가 애초에 갖고 있던 '스테레오타입 스키마'의 '마력'이다. 읽는 이는 이 '마력'에 사로잡혀 눈앞의 글을 감추고, 스테레오타입에 꿰맞춘 '안다는 착각'을 만들어 낸다. 이에 대해서는 〈학의 보은〉을 예로 들어 검토했다.

또한 '선한 것'이나 '무난한 것' 등 '부분에 꿰맞추기 쉬운 스키마'가 존재한다는 것도 서술했다.

다만 "'선한 것'의 마력"을 이야기 글로 설명한 까닭은 글 속의 그럴듯한 서술에 의해 유발되는 것이 우리가 가진, 굳이 말하자면 **정서적이고 가치 판단적인 스키마**였기 때문이다. 이에 대해 "'무난'의 마력"을 설명문으로 설명한 까닭은 글 속의 그럴듯한 서술에 의해 유발되는 것이, 굳이 말하자면 우리의 **사회나 자연 이해에 관한 스키마**였기 때문이다.

이렇게 이 절에서는 '선한 것'과 '무난한 것'이라는 두 마력을 다뤘다. 다만 여기서의 목적은 이것들을 구별하는 것이 아니다. 실제로 두 마력을 명확하게 구별하기는 어려울 거라 생각한다. 그보다도 받아들이기 쉬운 '무던'한 스키마의 존재와 그 사용을 더 실감하길 바란다. 둘 다 '무던'한 스키마에 의한 것으로, 글 안에서 그럴듯한 서술에 의해 유발되고 적용된다는 메커니즘도

동일하다. 근본적으로 다른 것이 아니다.

그리고 앞 절과 이번 절에서 언급한 두 '마력'은 그것들이 어떻게 나타나는지에 따라 나뉜다. 출현 기제를 이해하면 '마력'에의 대응을 고민할 때 단서가 되지 않을까?

Part 5

'안다는 착각'을 부수는 법

01

'안다는 착각'에서
탈출

'안다는 착각' 상태를 인식한다

    글에서 다루는 영역에 어느 정도 정통하다면 모르지만, 우리의 '읽기'는 제일 처음에는 엉성한 것이 보통이다. 〈여보세요 엄마〉, 〈쇼소인과 실크로드〉를 처음 읽었을 때를 떠올려 보라.

    내용이 상당히 어려워 모르는 경우는 차치하고, 평범한 글이라면 우리는 읽으면 일단 '아는' 상태가 된다. '알기'는 하지만 '엉성한'—통상 이것이 우리가 처음 읽었을 때의 상태다. 다시 말해 우리는 처음 읽으면 일단 '안다는 착각' 상태에 빠진다.

    더 잘 읽을 필요가 있을 때는 이 상태에서 빠져나와야만 한다. 그러려면 어떤 수단을 동원해야 할까?

일단 자신은 '안다'라고 생각하지만 사실은 '안다는 착각' 상태에 빠져 있음을 명확하게 인식해 둘 필요가 있다. 다시 말해 지금은 보이지 않지만 틀림없이 내막이 더 있다고 인식해 둬야 한다. 그러지 않으면 이미 몇 번이나 서술했듯이 '안다는 착각'은 일종의 '안다'라고 하는 안정 상태이기 때문에 여기에 안주해 버릴 것이다. 게다가 이 상태는 읽는 이 스스로가 구축한 것이다.

또 제4장에서 봤듯이 사회에서 통용되기 쉬운 무난한 파악도 많다. 그러므로 자칫하면 사람은 이것들을 갑옷 삼아 자신을 옹호하는 방향으로 치우치기 쉽다.

지금은 자신에게 보이지 않지만 틀림없이 내막이 더 있다고 확실하게 인식하기가 곤란한 경우도 적지 않으리라. 하지만 더 잘 읽기 위해서는 스스로 만들어 낸 지금의 '아는' 상태를 스스로 부수지 않으면 안 된다. 이 과정에서 자신의 안이함을 통감할 수밖에 없기 때문에 상당히 힘든 일이다. 이런 의미에서 적은 자기 자신이라고도 할 수 있다.

그렇다면 우리는 난적(難敵)인 '안다는 착각'에 어떻게 대응하면 좋을까? 거듭 말하지만, 일단 나는 현재 '안다는 착각'에 사로잡혀 있다고 명확하게 인식하는 것이 중요하다. 이 인식이 없으면 아무것도 할 수 없다. 이 지점을 출발점으로 삼고, 그 뒤에는 무슨 수단이든 동원해 '안다는 착각'에 대응해 가야 한다.

'마물'의 존재를 철저히 살핀다

다음으로 우리는 사로잡혀 있는 '안다는 착각' 자체를 철저히 살필 필요가 있다.

이를 위해 의식적으로 읽은 글을 자기 나름대로 '정리'해 보라고 권하고 싶다.

이 '정리'가 너무 간단하다면 '스테레오타입 스키마에 의한 마물'이나 '글 구성으로 인해 현혹되기 쉬운 마물'에 사로잡혀 있을 가능성이 있다.

'정리'가 자신에게 익숙한 '스테레오타입 스키마'와 동일한 경우에는, 이 스키마에 꿰맞추고 있지는 않은지 자신의 '읽기'를 의심하라. 글 자체를 별로 중요시하지 않고 "내용은, 아아 그 얘기네"라고 느낄 때는 각별히 주의해야 한다.

이 경우, 글을 접할 때 익숙한 '스키마'를 의식하면서 이에 반하는 부분을 의식적으로 찾으려는 시도를 해 보자. 그런 부분을 발견하기 시작하면 '안다는 착각'을 극복할 단서를 얻을 수 있다.

또 글을 따라 읽고 있다고 생각했는데 '정리'가 너무 간단한 경우에는, 글 구성에 의해 오도되어 각종 '마물'에 사로잡혀 있지는 않은지 의심해 보는 것이 좋다.

"'결과로부터'라는 안다는 착각", "'처음부터'라는 안다는 착각"에 빠지면 변화 과정을 건너뛰며 읽게 되므로, 이에 대항하기 위해서는 어디서 어떻게 변화했는가에 대한 문맥으로 글을 재검토하는 것이 효과적이다.

글에서 언급하는 각종 사례나 사건이 개별적인 특징과 함께 생각나지 않을 때는 "'여러 가지'라는 안다는 착각"을 의심해 보라. 귀찮아하며 적당히 처리하는 자신을 발견하는 경우가 적지 않을 것이다. 그리고 이런 경우에는 사례나 사건에 관해 개별적인 특징을 부각시키는 과정이 필요하다.

사례에 대해서는 왜 그것을 사례로 다뤘는지에 대한 문맥이나, 다른 사례와 어디가 같고 어디가 다른지에 대한 문맥으로 각 부분을 재검토하는 과정이 중요하다. 또 사건에 대해서는 왜 그 사건이 글 안에서 그 부분에 배치됐는지, 앞뒤 내용까지 함께 재검토하는 과정이 도움이 된다.

'허세'에는 각별히 주의

또 자신이 '아무래도 받아들여지기 쉬운, 무던한 해석·파악'을 하고 있다는 기분이 든다면, 글로 인해 유발된 '스테레오타입 스키마'의 마력을 의심해 보길 바란다. 각자의 자기 인지, 메타인지의 정도에 따라 다르지만, 다른 사람들과 이야기를 나누면서 자신이 "너무 으스댔나? 구체적으로 예를 들어보라고 하면 곤란한데"라고 느낀 적이 없는가? '스테레오타입 스키마'의 마력도 이와 비슷한 느낌이다.

글을 읽고 개략이나 해석을 서술할 때 '무던한 허세'가 튀어나온다면 각별히 주의해야 한다. 이때는 그 '무던한 스키마'를 의식하면서 이것을 정말 글의 해당 부분에 적용할 수 있는지 의심하고, 기술된 내용과 맞춰 보자.

기술의 '정리'와 '예시'는 대응하는가? 글 속 내용은 정말 '사례'에 해당하는가? '무던한 스키마'를 써서 논지의 전개를 대충 파악하고 있지는 않은가? 논지를 전개하는 데 있어 큰 구멍이 있는데도 '무던한 스키마'를 써서 자신이 제멋대로 메우고 있지는 않은가?

이를 의식적으로 재검토하는 것은 '무던한' 읽기에 대항하기 위한 비교적 효과적인 수단이다.

이 각종 '마물'들에 의해 만들어진 '안다는 착각'은 엉성한 문맥을 사용해 글의 각 부분에서 엉성한 의미를 끌어내 전체적으로 정합성을 갖춘 상태다. 읽는 이를 사로잡는 마력을 가진 엉성한 문맥을 쓰고 있기 때문에 부분을 상세하게 읽지 못하는 상태에 빠진 것이다.

그러므로 '안다는 착각' 상태를 극복하기 위해서는 각각의 '마물'에 대해 효과적인 대책을 강구하면 된다. 다시 말해 '마물'이라는 엉성한 '문맥' 대신 '부분'에 더욱 초점을 맞추는 '새로운 문맥'을 대담하게 도입하는 것이다.

문맥의 효과를 재고한다

'새로운 문맥'의 도입, 다시 말해 '부분을 읽는 문맥'을 교환해 감으로써 얻는 효과는 절대적이다. 이를 제3장에서 다룬 〈쇼소인과 실크로드〉를 예로 들어 살펴보자.

다음에 제시하는 단락 (13)은 맨 처음에 '많은 보물이 각지에서 전래했다'라는 문맥을 사용했을 때 '하프나 비파'의 출처를 의미한다고 파악했다.

그 밖에도 악기인 하프라든가, 오현비파, 사현비파 등도 서방에서 전래된 것이 분명합니다. 예를 들어 하프는 아시리아나 사산왕조의 부조에서도 볼 수 있습니다. 또 인도가 기원인 오현비파는 중국의 쿠처에 있는 커즈얼 천불동에 벽화로 그려져 있습니다.

그런데 앞뒤 단락 구성을 배경으로 '형태와 문양'이라는 두 가지 문맥으로 살폈더니 '하프와 비파'가 '이란풍 형태'를 하고 있다는 의미가 도출됐다. 그리고 마지막에는 앞 단락에 '출토'에 대한 기술이 있다는 점을 감안하자 "부조에서도 볼 수 있습니다", "벽화로 그려져 있습니다"라는 표현이 시선을 끌었다. 단락 (13)에 서술된 '하프나 비파'는 출토품과는 비교조차 하지 않고 있기 때문이다. '형태'를 '부조'나 '벽화'로 확인한 것이다.

이처럼 세 번째 문맥으로 재검토하면, 단락 (13)에서는 '하프나 비파' 등의 악기에 대해 '출토품이 존재하지 않는 것 아닌가?'라는 의미가 도출된다.

이 단락 (13)에서는 서로 다른 세 문맥을 사용함으로써 세 가지 의미가 차례차례 도출됐다. 문맥의 효과, 그것도 '문맥 교환'의 효과를 잘 알았으리라 생각한다.

'읽기'의 진전 과정

이처럼 '문맥 교환'에 의해 그때그때의 '안다는 착각'을 부수면서 읽기가 진전돼 가는 것이다. 다만 문맥 교환을 하더라도, 글을 더 잘 읽는 것에 직결되는 경우와 그렇지 않은 경우가 있다.

제2장에서 다뤘던 〈남자의 아침 외출 준비〉라는 글을 떠올려 보자(60쪽). 그때 '실업자'와 '주식중개인'이라는 문맥이 시사된 것만으로 글의 부분과 부분 사이가 보다 긴밀하게 관련지어졌다. '실업자'나 '주식중개인'에 관해 우리가 갖고 있던 스키마가 각 부분의 기술로부터 더 구체적인 의미를 끌어냈기 때문이다. 〈남자의 아침 외출 준비〉의 경우에는 문맥 교환이 보다 잘 읽는 데 '직결'됐던 것이다.

이런 경우도 결코 없지는 않지만, 이보다 순조롭지 않은 경우가 압도적으로 많다.

문맥을 교환해 가며 꼼꼼하게 읽음으로써 최초의 '안다는 착각'을 부수고 나면, 보통은 그다음으로 새로운 '모순'이나 '무관련'에 의한 '모르는' 상태가 기다리고 있다. 제3장의 〈쇼소인과 실크로드〉의 경우에도 '많은 보물이 실크로드를 통해 이란에서 들어왔다'라는 '안다는 착각'을 무너뜨리자, '복제품인데 어떻게 세계의 보고인가?'라는 '모순'에 의한 '모르는' 상태가 나타났다 (116쪽).

이런 '모순'이나 '무관련'은 '더 잘 알기' 위한 다음 단계의 계기가 된다. 다만 '모순'이나 '무관련'을 발견하기만 해서는 아직 더 잘 읽었다고 할 수 없다. 이것들은 어디까지나 계기이고, '모순'이나 '무관련'에 의해 발생한 '모르는' 상태를 극복하지 않으면 '더 잘 아는' 상태가 되지 못한다.

'모르는' 상태의 극복은 '모순'을 일으키고 있는 부분과 부분 사이를, 또는 '관련지어지지 않은' 부분과 부분 사이를 관련짓는 작업을 통해 이루어진다. 〈쇼소인과 실크로드〉의 경우에도, '복제품인데 어떻게 세계의 보고인가?'라는 모순은 '쇼소인의 보물은 전세품으로, 세계적으로 유례가 없을 정도로 보존 상태가 매우 좋으며, 출토품과는 비교조차 할 수 없기 때문이 아닐까?', 또한 '오리지널인 출토품마저 없기 때문이지 않을까?'라는 해석을 도입함으로써 해소됐다.

하지만 항상 '모순'이나 '무관련'을 극복할 수 있는 것은 아니다. 읽는 이가 모순 없이 관련지어지는 해석을 만들어 내지 못할 때도 있다. 또한 유감스럽게도 쓰는 이의 책임이라고밖에 할 수 없는 경우도 존재한다.

끝없는 탐구

'안다는 착각' 상태에서 '모르는' 상태 등을 거쳐 '더 잘 읽은' 상태로 이행했다고 해서 그것으로 읽기가 끝나는 것은 아니다.

자기 자신이 상당히 잘 읽었다, 읽는 데 진전이 있었다고 생각한 글을 얼마 뒤에 다시 접했는데, '모르는 부분'을 새로 발견하거나, 부분과 부분 사이를 관련짓는 새로운 해석이 떠오르는 경우는 비일비재하다. 또한 스스로는 '안다는 착각'을 극복하고 '더 잘 읽었다'라고 생각해도, 다른 사람이 그 이상으로 깊은 해석을 제시하는 경우도 적지 않다. 오히려 그런 경우가 더 많다.

다시 말해 '더 잘 읽었다'라는 상태는 '이전보다는 잘 읽은 상태'인지는 몰라도, 그 상태를 넘어설 수 있는 좋은 읽기가 존재하는 것이다.

① '안다는 착각' 상태
② 새로운 문맥으로 부분에서 새로운 의미 도출
③ 도출된 의미로 인해 발견된 모순·무관련에 따른 '모르는' 상태
④ 새롭게 모순 없는 관련을 지음으로써 도달한 '더 잘 아는' 상태

이 ①에서 ④로의 흐름은 '안다는 착각'에서 '보다 좋은 읽기'로의 진전 과정이다. 하지만 ④의 상태에서 끝나는 것은 아니다. 이 ④의 상태는 새로운 ①의 상태라고도 생각할 수 있다. 여기서 한층 더 진전할 수 있는 가능성에 마음을 열어 둘 필요가 있다. 그러지 않으면 그 수준에서의 '안다는 착각'에서 빠져나올 수 없다.

원리적으로는 현시점에 도달한 '더 잘 아는' 상태를 넘어서는 '더욱 더 잘 아는' 상태가 존재하는 것이다. '읽기'라는 탐구 과정에 끝이란 없다고 생각한다.

똑같은 것을 다른 측면에서 살필 때 의식하면 좋은 점이 또 하나 있다. 문맥을 교환함으로써 새로운 의미를 끌어낼 수 있다는 것은, 만약 그 문맥을 사용하지 않는다면 우리에게는 그 의미가 보이지 않으리란 것이다. 다시 말해 우리에게는 우리가 염두에 두고, 그것을 활용해 적극적으로 묻는 것밖에는 보이지 않는다. 그 밖의 것은 '보이지 않는다'라고조차 느끼지 못한다. 이런 의미에서도 탐구는 끝이 없는 것이라 여기고, 가능한 열린 자세를 유시해야 한다.

02

해석의
자유와 제약

보다 긴밀한 관련

제4장에서 우리가 사로잡히기 쉬운 '안다는 착각' 유형에 대해 서술했다. 다시 한 번 설명하자면, 문장 구성에서 유래하는 것과 읽는 이가 기존에 갖고 있던 '스키마'를 안이하게 적용하는 데서 유래하는 것, 이렇게 크게 두 가지로 나눌 수 있다. 물론 이 유형 분류는 완벽과는 거리가 멀지만, 글을 처음 읽고 난 다음에 빠지기 쉬운 '안다는 착각'이 어떤 것인지를 대략 파악할 수는 있으리라 생각한다.

앞 절에서도 서술했다시피 글을 탐구하는 과정은 끝이 없다. 그중에서도 특히 제일 첫걸음, 다시 말해 처음 읽고 났을 때의 '안다는 착각'에서 탈출하기가 상당히 어렵다는 것이 내 경험에서 받은 인상이다. 여기서 빠져나오면 비교적 적은 노력으로, 때로는 자동이라고 할 수 있을 만큼 차례로 신경 쓰이는 부분을 찾아내 나가는 듯한 느낌이 든다. 이 신경 쓰이는 부분(그것은 부분과 부분 사이의 '무관련'이기도 하고, '모순'이기도 하다)에 대응해 가면 조금씩 '읽기'가 깊어져 간다.

제1장에서 '모른다', '안다', '더 잘 안다'에 관해 다음과 같이 서술했다.

① 글이나 문장에서 각 부분이 서로 관련지어지지 않으면 '모르는' 상태가 생긴다.
② 각 부분이 서로 관련지어지면 '아는' 상태가 된다.
③ 각 부분의 관계가 전보다 더 긴밀해지면 '더 잘 아는', '더 잘 이해한' 상태가 된다.
④ 각 부분을 서로 관련짓기 위해, 우리는 반드시 글에서 기술되지 않은 부분에 대한 지식, 또 스스로가 만들어 낸 상정·가정을 동원한다.

③의 '전보다 더 긴밀한 관계'를 만들어 내는 계기가 앞에서

서술한 '무관련', '모순'이다. 이것들을 극복함으로써 '더 긴밀한 관계'를 만들어 내는 것이다.

이 극복 작업을 나타낸 것이 ④다. ④의 작업에는 다음의 두 종류가 있다고 생각한다.

ⓐ 세상 모든 일에 대한 객관적인 사실과 관련된 정보·지식의 획득
ⓑ 읽는 이가 구축한 상정·가정, 즉 '해석'

객관적인 사실에 의한 긴밀화

먼저 ⓐ부터 생각해 보자. '객관적·사실적인 지식으로 메우기'란 다음과 같은 것이다.

독자 여러분은 "밤보다 맛있는 13리(栗よりうまい十三里)"라는 표현을 들어본 적이 있는가? 나이 지긋한 독자라면 기억에 남아 있을지도 모르겠다. 나는 어린 시절에 군고구마 장수의 수레에 이 글귀가 적혀 있었던 것을 기억한다. 당시에 어떤 어른이 9리('밤'과 '9리'는 일본어 발음이 같다-옮긴이)와 4리('보다'와 '4리'는 일본어 발음이 같다-옮긴이)를 더하면 13리라서 고구마를 13리라고 부른다고

가르쳐 줬다. 어린 마음에 그런 거구나 하고 생각하면서도, 왜 '리'가 나올까, 왜 더하는 걸까 하고 좀 납득이 가지는 않았다.

이 의문이 풀린 것은 나중으로, 사이타마현 가와고에시의 팸플릿을 봤을 때였다. 가와고에가 고구마 산지라는 것은 알았지만, 에도에서 13리 떨어져 있다는 것은 처음 알았다. 그 표현은 에도 시대에 가와고에의 고구마를 선전하는 광고 카피였던 것이다.

이렇게 가와고에에 대한 새로운 지식을 얻으면서 '13리'와 '고구마'와의 관계는 더 긴밀하게 연결됐다. 즉 '보다 더 잘 아는' 상태가 됐다. 이때 긴밀화에 기여한 것은 객관적인 사실에 관한 지식이다.

또 하나 예를 들어보자. 내가 생각해 낸 것 중 최적의 예시다. 이마이즈미 요시하루(今泉吉晴)의 〈날다람쥐가 사는 마을(ムササビのすむ町)〉 첫머리다.

 쇼와 56년(1981년-옮긴이) 4월 5일, 나는 야마나시현 쓰루시 아사히바바에 있는 이시후네(石船) 신사 숲에 날다람쥐가 산다는 것을 알았다.

나는 내가 사는 쓰루시의 날다람쥐를 조사하고 있었는

데, 그때까지 이 숲은 날다람쥐가 살기에 너무 좁다고 생각했다. 그런데 나무줄기 둘레가 족히 1미터를 넘는 훌륭한 느티나무가 있다는 이야기를 듣고, 혹시나 해서 와 본 것이다. 그리고 신사 앞길 위에 날다람쥐가 싹을 먹고 버린 느티나무 잔가지를 발견했다.

이시후네 신사 숲은 폭이 70미터, 깊이가 30미터 정도밖에 되지 않는다. 이렇게 좁은 숲에 날다람쥐가 사는 예는 알려져 있지 않다. (후략)

저자는 "날다람쥐가 산다는 것을 알았다"라고 썼지만, 직접 날다람쥐를 보지는 않았다는 사실에 주의하기 바란다. 이 글 뒤에서도 날다람쥐를 봤다는 이야기는 나오지 않는다.

그럼 어떻게 '알았다'는 걸까? 그것이 적혀 있는 것은 "그리고 신사 앞길 위에 날다람쥐가 싹을 먹고 버린 느티나무 잔가지를 발견했다"라는 한 문장밖에 없다. 그리고 날다람쥐에 관한 정보를 찾아보니, 날다람쥐가 먹는 방식에는 특징이 있었다. 날다람쥐는 잔가지째 꺾은 다음, 가지 끝에 돋은 부드러운 싹이나 잎을 먹고 나머지는 버린다는 것을 알았다. 다시 말해 그렇게 버려진 잔가지를 도로 위에서 발견했다는 말이다.

이 정보를 얻음으로써 저자의 행동과 '안다'의 관련은 긴밀화된다. 객관적 사실에 관한 지식에 의한 '더 잘 안다'란 이런 것이다.

상정에 의한 긴밀화

이제 두 번째 긴밀화 수단인 ⓑ에 대해 생각해 보자. 이때 쓰이는 것은 객관적인 사실에 관한 지식이 아니다. 읽는 이가 주관적으로 구축한 상정이다.

다음에 제시하는 시는 나카하라 주야(中原中也)의 〈달밤의 해변(月夜の浜辺)〉이다.

달밤의 해변

　　　　　　　　나카하라 주야

달 밝은 밤에 단추가 하나
파도치는 해변에 떨어져 있었다.

그것을 주워 어딘가에 쓰려고

나는 생각한 것은 아니지만
어쩐지 그것을 버리기 어려워
나는, 그것을, 소매에 넣었다.

달 밝은 밤에 단추가 하나
파도치는 해변에 떨어져 있었다.

그것을 주워 어딘가에 쓰려고
나는 생각한 것은 아니지만
달을 향해 그것을 던지지 못하고
파도를 향해 그것을 던지지 못하고
나는, 그것을, 소매에 넣었다.

달 밝은 밤에 주운 단추는
손끝에 스미고, 마음에 스몄다.

달 밝은 밤에 주운 단추는
어떻게 그것이, 버려질 수 있을까?

'안다는 착각'을 부수는 법

이 시를 두고 사이고(2005)는 이렇게 쓴다.

> 일반적으로 말해서 단추가 저절로 떨어지지는 않습니다. 달밤의 해변이든 파도치는 해변이든, 이 상황은 꽤 드라마틱하고 의미심장해 보이지 않습니까? 하긴 여기까지 파고들면 읽는 이의 자의성 문제라며 피하고 싶은 독자도 있을지 모르겠습니다. 하지만 그것은 차치하고, 한껏 상상의 나래를 펼친다면요? 남녀 두 사람이 뒤엉키면서 단추가 뜯겨 떨어지는 것도 알아차리지 못하고 떠난 걸까요? 달밤이든 해변이든, 연극 무대 배경 같은 정경은 《금색 야차[金色夜叉, 오자키 고요(尾崎紅葉)가 쓴 소설. 남자 주인공이 아타미(熱海)로 찾아가 배신한 연인을 격렬하게 다그치는 장면이 유명하다-옮긴이]》의 아타미 해변을 방불하게 합니다.

정합성이라는 것

사이고가 이렇게 "한껏 상상의 나래를 펼친" 이유는 뭘까? 여기서 그는 이런 상정을 갖고 와 '파도치는 해변에 떨어져 있던 단추'와 '줍다·소매에 넣다·버리지 못하다'를 단순히 연속된 행위 이상으로 만들기 위해 긴밀화 작업을 한 것이다. '나'가 이런 생각을 가졌다고 상정하면, '나'의 행위나 '버리지 못하는' 기분은 자연히 알게 되지 않을까 한 것이다.

하지만 그는 곧바로 다음과 같이도 썼다.

> 이는 소위 억측, 혹은 지나친 해석일지도 모릅니다. 하지만 이런 내 상정을 터무니없다고는 할 수 없습니다. 다만 문제는 이런저런 있을 수 있는 일 중에서 그것이 타당성을 지니는가 하는 것입니다. 또한 문맥 안에서 다른 부분과의 사이에 정합성을 갖췄는가 하는 문제이기도 합니다. 만약 정합성을 갖췄고, 타당성도 있다면 있을 수 있는 해석 중에서 가능한 재미있게 상상을 펼치고 싶습니다.

이 부분은 '상상의 나래를 펼치는 것', 가정을 구축하는 것이 무한정 허용되지는 않는다고 말하고 있다.

이를 '정합성'의 관점에서 생각해 보자. 이 경우, 두 가지 방식으로 생각해 볼 수 있을 듯하다. 하나는 상정·가정이 이루어진 (글이나 시의) 어느 한 부분이 정합성을 갖췄는가 하는 것이다. 앞서 언급한 〈달밤의 해변〉의 경우, 예시를 간단하게 만들기 위해, 이 시 전체를 상정·가정이 이루어진 부분이라고 치겠다.

'주운 단추가 잃어버린 셔츠 단추 대신으로 딱 좋다고 생각해서 버리지 못했다'라고 해석(이는 상정·가정이지만)했다고 하자. 이 해석은 "그것을 주워 어딘가에 쓰려고 / 나는 생각한 것은 아니지만"이라는 문구가 있기 때문에 성립되지 않는다. 이것이 '정합성'에 대한 첫 번째 사고방식이다.

다른 부분과의 정합성

'정합성'에 대한 두 번째 사고방식은 상상·가정이 이루어진 부분을 벗어나 다른 부분에도 적용할 수 있는가 하는 것이다. 여기서도 예시를 간단하게 만들기 위해 〈달밤의 해변〉에 이어지는 내용이 있다고 생각해 보자. 그리고 거기에 정합성이 없는 내용이 있다면, 안타깝지만 그 상상·가정은 기각할 수밖에 없다.

이쯤은 당연한 것 아니냐고 여길 테지만, 실제로는 다른 부분에서, 읽는 이가 정합성을 갖추지 못한 해석을 계속 유지하는 경우도 적지 않다. 그 예로 무로 사이세이(室生犀星)의 〈소경이

정〈小景異情〉 2〉의 경우를 살펴보자.

 소경이정 2

　　　　　무로 사이세이

고향은 멀리 떨어져서 생각하는 것
그리고 슬프게 노래하는 것
설령
영락해 타향에서 구걸을 하더라도
돌아갈 곳이 아니리라
홀로 도시의 해 질 녘에
고향을 생각하며 눈물짓는다
그 마음 품고
먼 도시로 돌아가야지
먼 도시로 돌아가야지

　수업에서 이 시의 화자(작자가 아닌 작품 속에서 노래하고, 이야기한다고 상정된 인물)는 어디에 있는지 자주 묻곤 하는데, 대학생인데도 대부분이 도시라고 대답한다. "고향은 멀리 떨어져서 생각하는 것"이나 "홀로 도시의 해 질 녘에 / 고향을 생각하며 눈물 짓는다" 등을 그 근거로 든다. 이 부분들을 토대로 해석을 만들고 있는 것이다.

그래서 "먼 도시로 돌아가야지"가 있지 않느냐고 지적하면, '~야지(ばや)'의 뜻을 잘 모르겠다고 한다. 그래서 이번에는 사전을 찾으면 다음과 같은 내용이 나온다고 설명한다.

> "자신의 행동·상태에 대한 원망(願望)을 나타낸다. ……할 수 있다면. ……하고 싶구나."
> "자신의 의지를 소극적으로 표현한다. ……하자."
>
> (고지엔 제5판)

따라서 "먼 도시로 돌아가야지"는 "도시로 돌아가자"라는 말이니, 지금 도시에 있을 리 없지 않느냐고 재차 묻는다.

그제야 몇몇이 "그 마음 품고"라고 말하고 있으니, "홀로 도시의 해 질 녘에 / 고향을 생각하며 눈물짓는다"는 '도시에서 생각하고' 있는 것이 아니라 '그런 마음을 안고 도시로 돌아가자'를 뜻한다며 타협안을 내민다.

그리고 고향에 있으면서 "고향은 멀리 떨어져서 생각하는 것 / 그리고 슬프게 노래하는 것"이라고 말하는 것에 대해서는, "돌아갈 곳이 아니리라"가 있으니 고향은 먼 곳에서 생각해야 비로소 좋다는 뜻이란 의견으로 서서히 기울어지기도 한다.

'맞음'의 함정

〈소경이정 2〉를 예로 든 것은, 다른 부분에서 정합성 없는 해석을 계속 유지하는 것과, 그것이 수정되는 과정을 알려 주기 위해서였다.

상정·가정은 그것이 이루어진 부분에서 벗어나, 다른 부분에서도 '정합성'을 보여야만 한다. 다시 말해 적용할 수 있어야 한다. 그렇지 않으면 그 상정·가정을 변경해야만 한다.

사이고는 〈달밤의 해변〉을 이야기하며 '타당성'이라는 단어를 썼는데, 이번에는 이에 대해 생각해 보자. '정합성'이라는 단어와 비교했을 때 '타당성'은 읽는 이가 구축한 상상·가설, 즉 해석의 '맞음'에 대해 설명하는 것처럼 보인다. 만약 그의 '타당성'이 해석의 '맞음'을 의미한다면, 나는 이와 조금 다른 생각을 갖고 있다.

이를 설명하기 위해 '과학' 법칙이나 가설에 대한 이야기를 조금 할 필요가 있다.

　많은 사람이 과학 법칙을 '맞는' 것이라고 생각하는 것 같다. 그리고 그 '맞음'은 법칙이 다양한 상황에서 성립함으로써 보장된다고 생각하는 것 같다. 또한 법칙은 다양한 데이터나 결과로부터 귀납되기 때문에 '맞다'라고 생각하는 사람도 있다.

　사실 논리적으로 말하면, 다양한 상황에서 법칙이 성립하는 것은 그 법칙의 '확실성'이나 '견딜힘'을 높이지만 '맞음'을 증명하는 것은 아니다. 적용된 상황에는 반드시 한계가 있고, 아직 적용되지 않은 상황은 원리적으로 반드시 존재하기 때문이다. 또한 귀납법에 대해서도 마찬가지다. 귀납은 아무리 수가 많아도 반드시 한계가 있는 데이터에 의존하는데, 법칙은 '모든……은……이다'와 같이 보편적으로 단정하는 형태를 취하므로, 여기에는 반드시 논리적인 비약이 뒤따르기 때문이다.

　법칙을 얻는 과정이 논리적이라고 해서, 법칙이 될 수 있는 것이 아니다. 법칙을 얻는 과정은 비논리적이어도, 또는 잘 몰라도 괜찮다. 법칙으로서 중요한 것은 도출되는 과정의 논리성(사실 이는 바랄 수 없지만)이 아니라, 그것이 도출된 상황 이외의 곳에서 테스트했을 때 '정합적'인가 하는 것이다.

　테스트 결과가 예측과 일치하지 않으면 그 법칙은 반증된다. 그리고 거꾸로 테스트 결과가 법칙과 일치하면, 그 법칙은 당분간 견딜 수 있는 것으로 보고 유지돼도 괜찮다는 결론이 난다. 이것이 험증(검증 중 특히 실험 결과에 비춰 가설의 진위를 확인하는 것-옮긴이)이라 불리는 것이다.

이처럼 과학 법칙조차 '맞음'을 증명할 수는 없다. 하물며 우리가 글을 이해한 것을 토대로 구축하는 상상·가정이나 해석은 어떠할까? 우리가 상상·가정을 구축할 때 얼마나 합리적일 수 있을까?

그러므로 자신의 해석이 '맞다'라고 믿거나 '맞음'을 강조하는 것은 다른 해석을 배제하는 것으로 이어질지 모른다. 자신의 해석을 강요하는 것이 될지도 모른다.

과학에서도 현상을 정합적으로 설명할 수 있는 가설이, 특정 시점에 여러 개 존재하는 경우가 결코 드물지 않다.

해석이 타당한지 어떤지를 '맞음'으로 추구할 것이 아니라, 주변 기술이나 다른 부분의 기술과의 '정합성'만으로 추구하자는 것이 내 생각이다.

이런 생각은 다음을 의미한다.

① 정합성이 있는 한 복수의 상상·가정, 즉 '해석'을 인정한

다. 틀리지 않는 한, 또 틀렸다는 것이 드러날 때까지 그 해석은 계속 유지해도 된다.

② 어떤 해석이 정합성을 갖췄다고 해서 그것이 유일하게 맞는 해석이라고 생각할 수 없다.

③ 하지만 어떤 해석이 주변 기술이나 다른 부분의 기술과 부정합한 경우에는 그 해석을 파기해야만 한다.

이와 같은 제약 조건 아래 상상의 나래를 펼침으로써 부분과 부분 사이의 긴밀성을 높이는 상상·가정을 구축하고는 부수고, 또다시 구축해 나간다. 이것이 '더 잘 읽는' 과정의 내실이어야만 한다는 것이 이번 절의 결론이다.

03

시험 문제를
풀어보다

대학입시센터 시험 문제

    지금까지 서술해 왔다시피 부분과 부분 사이의 긴밀성을 높이면 '더 잘 아는' 상태가 된다. 읽는 이의 상상·가정을 통해 긴밀성을 높일 때는 반드시 '정합성'을 갖춰야 한다. 이를 충족하지 못하는 해석은 수용할 수 없으며, 반대로 이를 충족한 해석은 모두 수용해야만 한다. 이를 국어 교육에 적용하면 어떤 결론을 얻을 수 있을까? 이번 절에서는 이에 대해 간단히 생각해 보자.

    현재 국어 교육(이 책에서 다뤄 온 것 같은 문장 이해에 대해)에 위화감을 가진 학생은 결코 적지 않다. 그렇다는 것은 그 시기를 겪은 대다수 어른도 한때는 적잖은 위화감을 가졌으리라 미루어 짐작할 수 있다. 글을 읽는 것은 좋지만, 국어 수업은 좀 별로라고 느끼는 사람이 적지 않은 것이다.

그 원인은 간단하다. 교사가 자유롭게 글을 해석하라고 말은 하지만, 실제로 수업이나 시험에서는 정답이 단 하나밖에 없는 것에 대한 위화감이다. 이 때문일까? 학생들에게 설문 조사를 해 보면, 매우 일부만이 글에 대한 맞는 해석(대부분은 '저자의 생각'이라는 것이다)은 하나라고 대답하는 한편, 압도적인 대다수는 글 해석은 각자의 자유라고 대답한다.

이미 벌써 눈치챘겠지만, 이 두 의견 모두 바르지 않다는 것이 이 책의 입장이다. 다시 말해 해석은 기술과의 사이에서 정합성이 있는 한 자유이지만, 정합성이 없는 것은 허용되지 않는다고 생각한다.

이 생각에 입각해 실제 시험을 살핀다면 어떨까? 개선의 여지는 있을까? 2004년도 대학입시센터 시험(일본 대학 공통 입학 시험. 2021년부터는 기존 시험을 보완한 '대학입학 공통 테스트'를 실시하고 있다-옮긴이) 국어 I의 문제를 예로 들어 생각해 보자. 국어 I 2번 문제에서의 '정합성'에 관해 해설한 다음, 각각을 어떻게 풀지 학생과 이야기를 나누며 수업을 진행했다. 뒤에 소개할 감상

평은 수업 후 제출받은 후기와 기말 리포트에서 발췌했다.

지문으로 쓰인 글은 우메자키 하루오(梅崎春生)의 소설 《붉은 띠 이야기(赤帯の話)》 중 후반부다. 지문 앞에 다음과 같이 전반부가 요약돼 있다.

제2차 세계대전 종전 직후, 소련군에 항복한 '우리'는 중국 동북부와 소련의 국경 근처에 있는 수용소에 포로로 보내져 벌채, 얼음판 청소 등과 같은 작업을 했다. 감시인은 '붉은 띠'라 불리는 소련 군인이었다. 그의 이름은 이와노프로, 그 자신 역시 유배된 죄수라는 소문은 있었다. 어느 아침, 붉은 띠는 평소처럼 작업장으로 향하는 대신 다른 길로 '우리'를 데려갔다.

그리고 본문은 대략 다음과 같다.

점심시간이 되자, '붉은 띠'는 아무도 없는 오두막에서 커다란 흑빵 덩어리와 큼직하게 자른 연어 토막을 '우리'에게 준다. '붉은 띠'는 허겁지겁 먹는 우리를 희미한 미소를 지으며 바라본다. 코만디르(포로의 감시인)로서의 '붉은 띠'를 본 것은 그날이 마지막이다. 다음 날부터는 다른 코만디르가 왔기 때문이다. 그

뒤로 '나'는 딱 한 번 '붉은 띠'를 만나 스모를 한다. 이런 사건들이 약간의 그리움과 함께 회상된다.

문제의 해법

다음 세 문제만 살펴보자. 특히 각각의 문제와 그 선택지가 어떻게 만들어져 있는지에 주목하자. 선택지에는 밑줄이 그어져 있는데, 이는 내가 편의상 그은 것으로 실제 문제에는 없다.

> 문2 "그것은 자선자의 미소라기보다 오히려 부끄러움에 남모르게 희미하게 짓는 미소였다"라는 부분에서, '나'는 붉은 띠의 표정을 어떻게 해석하고 있는가? 다음 ①~⑤ 중 그 설명으로 가장 적절한 것을 하나 선택하시오.

① 연어를 정신없이 먹는 '우리'에 대한 동정을 감추려 한다기보다 '우리'가 예기치 않은 친절에 감사한다는 것에 <u>남모르게 만족하고 있다.</u>
② 허기에 고통받는 '우리'에게 음식을 베푼 것에 만족한다

기보다 감시인과 포로라는 입장을 뛰어넘어 호의를 표한 자신의 행동에 쑥스러워하고 있다.

③ 허기에 고통받는 '우리'에게 대접할 식사를 준비할 수 있었다는 것을 자랑스러워한다기보다 연어밖에 준비하지 못한 자신의 한심스러움을 부끄러워하고 있다.

④ 허기진 '우리'가 뜻밖의 음식을 받고 기뻐하는 모습에 만족한다기보다 노골적으로 식욕을 드러낸 모습을 부끄러운 것으로 여기고 얕보고 있다.

⑤ 자신만 평소에 식사를 충분히 한다는 것에 대한 부채감을 감춘다기보다 '우리'에게도 음식을 나눠 줌으로써 부끄러움에서 해방돼 안도하고 있다.

정답은 ②다. 문제에서 "가장 적절한" 선택지라는 조건을 고려했을 때, ①③④⑤에서 밑줄을 그은 부분이 잘못됐음을 알 수 있다. 이 부분들은 해석으로서 기술과 부정합한다. 예를 들어 ①의 "남모르게 만족하고 있다"는 "부끄러움에 남모르게 희미하게 짓는 미소"와 이질적이며, ④의 "얕보고 있다"도 마찬가지다. 이런 식으로 ①③④⑤를 소거함으로써 ②를 고를 수 있다.

정답인 ②는 틀린 부분은 없다. 하지만 부끄러워하는 이유가 "감시인과 포로라는 입장을 뛰어넘어 호의를 표한 자신의 행동"이라는 구절이 있는데, 이는 본문에서는 찾을 수 없다. 여기에는 명백히 출제자의 해석이 섞여 들어가 있다. "부끄러움에 남모르게 희미하게 짓는 미소"의 이유를 이렇게 해석할 수도 있다고 인정할 수 있고, 정합성은 갖췄으니 당연히 틀리지는 않지만, 이 역시 당연히 다른 해석도 있을 수 있다.

따라서 이 문제를 풀 때 위화감이 드는 원인으로 자신의 해석과 반드시 똑같지는 않다는 것, 또 여러 해석 중 하나를 "가장 적절한" 것으로 골라야만 한다는 것을 들 수 있다. 수업 후 후기나 리포트에는 이런 내용이 있었다.

> "오늘 설명으로 고등학교 3학년 때부터 센터 시험에 품고 있던 위화감이 순식간에 해소된 듯한 기분이 들었습니다. 정답에 본문에도 없는 내용이 적혀 있어서 고르는 데 고민하는 것이라고 생각했습니다."

"센터 시험 국어 문제는 서술형 시험보다 상당히 위화감을 느끼는 경우가 많았다. 수업을 듣고, 그 위화감의 원인을 알았다. "적당한 것을 고르시오"라고 해도, 내가 파악한 해석과 똑같은 해석이 선택지 중에 없는 경우가 많았기 때문이다. 그런 문제를 접할 때마다 내가 잘못 파악했다고 생각했다. 그리고 해답이 글에서 파악할 수 있는 유일한 것이라고 생각했다. 하지만 정답 선택지의 해석도 누군가의 해석이며, 다른 해석이 그 밖에도 얼마든지 있다는 이야기를 듣고 마음이 놓였다."

상식으로 선택한다?

문2는 소거법으로 해답을 고를 수 있었지만, 소거법을 쓸 수 없는 문제도 있다. 다음 문제가 그렇다.

문3 "그때 처음으로 우리는 붉은 띠가 우리에게 음식을 준 의미를 알았다"라는 내용이 있는데, '우리'는 붉은 띠가 한 행위의 이유를 어떻게 추측했는가? 다음 ①~⑤ 중 추측한 내용에 대한 설명으로 가정 적절한 것 하나를 선택하시오.

① 붉은 띠는 다른 수용소로 전속되기 때문에 이별의 마음

을 담아, 허기로 괴로워하는 포로인 '우리'에게 마지막으로 배불리 먹이고 싶어 했다.

② 붉은 띠는 다른 수용소로 전속될 것을 미리 알았기 때문에, 친해진 포로인 '우리'에게 신임 코만디르보다 좋은 인상을 주고 싶어 했다.

③ 붉은 띠는 다른 수용소로 전속된 뒤에는 유형수로서의 죄가 사해진다는 것을 알고 있었기 때문에, 포로인 '우리'에게 친절을 베풀고 싶어 했다.

④ 붉은 띠는 자기 자신도 유형수였지만, 전속해 고향으로 돌아갈 수 있게 된 기쁨을 포로인 '우리'와 함께 나누고 싶어 했다.

⑤ 붉은 띠는 자기 자신도 유형수였지만, 다른 수용소로 전속되기 전에 연어가 많이 생겼기 때문에 포로인 '우리'에게도 나눠 줄 여유가 있었다.

정답은 ①이다. 모든 선택지에 본문에 없는 내용 또는 해석이 포함돼 있다. 바로 각 선택지에 밑줄을 그은 부분이다. 그리고 이들 해석은 모두 정합성을 갖췄다는 점에서는 가능하다. ②③④⑤도 틀리지 않았다고 할 수 있다.

따라서 ①을 선택하는 이유는 본문에서가 아니라 사회적인 상식에서 고르도록 만들었다고 생각한다. 수업 후기에는 다음과 같은 내용이 있었다.

"문3은 모든 선택지가 본문에 없는 내용이었기 때문에 일반적인 타당성으로 선택할 수밖에 없었다. 이런 문제는 본문에는 없어 자유롭게 파악할 수 있는 부분의 해석을 강요한다. '가장 적절한 것을 고르시오'라는 출제 방식은 옳은가?"

솔직한 설문

다음 문제는 문2, 문3과는 출제 형식이 다르다. 이 점에 주의하며 살펴보자.

문6 ①~⑥ 중 이 글에 대한 표현이나 구성의 특징으로 적당하지 않은 것을 두 개 고르시오.

① 수용소 포로 시대의 경험이 비참한 굶주림에 초점을 맞

쳐 회상됨으로써 '나'에게 잊기 힘든 고통으로 가득한 기억으로 생생하게 그려지고 있다.

② 혹독한 수용소 생활 중 '나'가 느낀 매우 소중한 생(生)의 실감이 연어의 차가운 감촉, 붉은 띠의 자두향 체취 등 신체 감각과 연결돼 표현되고 있다.

③ 연어의 색깔이나 맛을 "애달픈 선명함", "슬퍼질 만큼" 등과 같은 감정을 나타내는 표현을 섞어서 묘사함으로써 허기진 '나'의 음식에 대한 예민해진 감각을 나타내고 있다.

④ 얼음에 갇힌 혹독한 겨울 장면에서 눈이 녹는 초봄, 여름으로의 계절 변화가 복잡한 인간관계가 수복돼 가는 경위와 대응하도록 그려져 있다.

⑤ 허기를 강요당하는 상황 속에서 배불리 먹은 선명하고 강렬한 기억이 연어의 선홍색·법랑의 흰색 등 색채의 콘트라스트를 통해 선명하게 그려져 있다.

⑥ 수용소의 혹독한 생활도, 많은 시간이 흐른 뒤 '나'의 회상으로 이야기되는 식의 작품 구성을 통해 일종의 그리움을 동반한 추억으로 그려지고 있다.

정답은 ①④다. ①④에서 밑줄을 그은 부분은 틀린 내용으로, 즉 본문 기술과 정합성이 없기 때문에 이들 선택지를 고르면 된다. 하지만 다른 선택지가 '맞다'는 것은 아니다. 해석으로서 틀리지는 않은, 즉 '정합성을 갖췄다'는 범위 안에서라는 것에 주의해야 한다. 이 경우, 문제는 "적당하지 않은 것을 고르시오"이므로, 정합성의 관점에서 보면 논리적으로는 세 문제 중 가장 타당한 출제 형식이라고 생각한다. 수업 후기에는 이런 내용이 있었다.

"하지만 이번에 이 힘증과 반증의 구조를 알고 나니, 지금까지 내가 국어 문제에 위화감을 느껴 온 이유가 명백해진 기분이 든다. '적절하지 않은' 것을 고를 때는 왜 순조로웠는지, 반대로 '적절한' 것을 고를 때는 왜 그렇게 시간이 필요했는지도 이것과 관계가 있었던 것 같다."

국어 교육에 대한 한 가지 제안

학생들의 후기를 보고 있으면 이들이 국어 교육 안에서 고민하고, 위화감을 갖고 있었다는 것을 뼈아프게 느낄 수 있다. 이들 대부분은 위화감의 정체가 명백해졌다고 썼지만, 이를 반대로 말하면, 지금까지 오랜 기간에 걸친 국어 교육 안에서 모르는 채로 공부해 왔다는 것이다. 그래서 "정답은 저자밖에 모른다"라거나 "해석은 본래 자유다"라고 단순하게 결론 내리고, "국어 교육과 글을 읽는 것은 별개"라고 체념한 것이다.

정합성을 갖춘 해석은 여러 개가 존재할 수 있다. 따라서 유일하게 절대적으로 맞는 것이라는 해석은 존재하지 않는다. 하지만 어떤 해석을 '정합성이 없다'는 관점에서 부정하는 것은 논리적으로도 실제로도 가능하며, 게다가 간단하다. 그러므로 '맞다'와 '틀리다'라는 판정은 대칭(symmetry)을 이루는 것이 아니다. 후자는 명확하게 판정할 수 있지만, 전자는 '정합성은 갖췄다'라든가 '틀렸다고는 할 수 없다'라는 판정밖에 할 수 없다.

이런 비대칭성을 토대로 한다는 것과 많은 사람이 느끼는 국어 교육에 대한 위화감을 고려하면 "가장 적절한 것을 고르시오"라는 문제는 피해야 한다고 생각한다. 그 대신 "다음과 같은 해석이 있다고 하자. 이 중 가능한 것은 무엇인가? 가능하지 않은 것은 무엇인가?"와 같은 형식이 좋지 않을까? 독자 여러분은 어떤 인상을 받는가?

04

정리

 이 책 내용을 대강 반추하기 좋도록 중간 중간 '정리'해 둔 내용을 다시 한 번 적어 보고자 한다.

 A. '모른다', '안다', '더 잘 안다'에 관한 '정리'다. 부분과 부분 사이의 관련이 '더 알기' 위한 조건이라는 것은 여러 차례 다뤘다.

> ① 글이나 문장에서 각 부분이 서로 관련지어지지 않으면 '모르는' 상태가 생긴다.
> ② 각 부분이 서로 관련지어지면 '아는' 상태가 된다.
> ③ 각 부분의 관계가 전보다 더 긴밀해지면 '더 잘 아는', '더 잘 이해한' 상태가 된다.
> ④ 각 부분을 서로 관련짓기 위해, 우리는 반드시 글에서 기술되지 않은 부분에 대한 지식, 스스로가 만들어 낸 상정·가정을 동원한다.

B. 문맥의 작용을 '정리'한 것이다. 문맥을 교환하면 다른 의미를 잘 끌어낼 수 있다. 문맥은 더 잘 읽기 위한 도구다.

> ① 문맥을 모르면 '이해하지 못한다'.
> ② 문맥이 스키마를 발동시켜, 문맥에서 얻은 정보와 함께 작동한다.
> ③ 문맥이 각 부분의 기술에서 의미를 끌어낸다.
> ④ 문맥이 다르면 다른 의미가 도출된다.
> ⑤ 문맥에서 도출된 각각의 의미를 관련지음으로써 글을 이해할 수 있다.

C. 어떨 때 '안다는 착각'에 빠지기 쉬운지를 정리한 것이다. 크게 글 구성에서 유래하는 것과 읽는 이가 원래부터 갖고 있던 스키마의 영향을 받는 것, 두 가지가 있다.

> 읽는 이가 글 구성에 현혹된 '안다는 착각'
>   '결과로부터'라는 안다는 착각
>   '처음부터'라는 안다는 착각
>   '여러 가지'라는 안다는 착각
>
> 읽는 이가 원래부터 갖고 있던 스키마로 인한 '안다는 착각'
>   전체에 꿰맞추기 쉬운 스키마
>   부분에 꿰맞추기 쉬운 스키마
>   '선한 것' '무난'

D. '안다는 착각'에서 '읽기'로 진전되는 과정을 '정리'한 것이다. 새로운 문맥을 도입하는 것만으로도 더 잘 읽을 수 있는 경우도 있지만, 대부분의 경우에는 다음과 같은 과정을 거친다.

① '안다는 착각' 상태
② 새로운 문맥으로 부분에서 새로운 의미 도출
③ 도출된 의미로 인해 발견된 모순・무관련에 따른 '모르는' 상태
④ 새롭게 모순 없는 관련을 지음으로써 '더 잘 아는' 상태

E. 읽는 이가 '상상・가정'을 구축함으로써 '읽기'에 깊이를 더할 수 있다. 다음은 '상상・가정'에서의 제한에 대한 '정리'다. 이 부분에서 국어 교육에 대한 제언도 한다.

① 정합성이 있는 한 복수의 상상・가정, 즉 '해석'을 인정한다. 틀리지 않는 한, 또 틀렸다는 것이 드러날 때까지 그 해석은 계속 유지해도 된다.
② 어떤 해석이 정합성을 갖췄다고 해서 그것이 유일하게 맞는 해석이라고 생각할 수 없다.
③ 하지만 어떤 해석이 주변 기술이나 다른 부분의 기술과 부정합한 경우에는 그 해석을 파기해야만 한다.

'안다는 착각'이라는 상태가 '읽기'에 깊이를 더하는 데 큰 장애가 된다는 것, 그리고 보다 상세한 문맥 구사로 '안다는 착각'을 상대하면 효과적이라는 것, 어떤 경우에 '안다는 착각'에 빠지기 쉬운지를 알아두는 것, '읽기'에 깊이를 더하는 데 있어 읽는 이의 '상상·가정'이 반드시 필요하지만 이것에는 정합성이라는 조건이 존재한다는 것, 이상이 이 책의 개요다.

읽는 행위의 한 측면에 초점을 맞춘 것에 불과하지만, 이런 측면이 존재한다는 것 그리고 '읽기'에 깊이를 더하기 위한 단서를 감지한다면 저자로서 그보다 큰 기쁨은 없을 것이다.

· 인용 문헌 ·

Bransford, J. D. and Johnson, M. K. 1972 Contextual prerequisites for understanding: some investigations of comprehension and recall, Journal of Verbal Learning and Verbal Behavior, 11, 717-726.

Bransford, J. D. and Johnson, M. K. 1973 Considerations of some problems of comprehension. In W. G. Chase(Ed.) Visual information processing. Academic Press.

麻柄啓一 1994 文学作品の読み取りとその修正について《読書科学》第38巻 5-12頁

長沢和俊 2003《正倉院の至宝―宝物殿に眠る歴史の謎》青春出版社

西林克彦 1997《〈わかる〉のしくみ》新曜社

Pichert, J. W. and Anderson, R. C. 1977 Taking different perspectives on a story. Journal of Experimental Psychology, 69(4), 309-315.

西郷竹彦 2005 部分形象が全体形象を照射する《よみ研通信》第79号 2-6頁

Wertsch, J. V. 1975 The influence of listener perception of the speaker on recognition memory, Journal of Psycholinguistic Research, 4(1), 89-98.

[안다는 착각, 인지심리학, 글 이해에 관한 참고 문헌]

Bransford, J. D. 1979 Human cognition. Wadsworth Publishing Company.

Bransford, J. D. and McCarrell, N. S. 1974 A sketch of a cognitive approach to comprehension: Some thoughts about understanding what it means to comprehend. In W. Weimer and D. Palermo(Eds.) Cognition and the symbolic processes. LEA.

Bransford, J. D. and Nitsch, K. E. 1978 Coming to understand things we could not previously understand. In J. F. Kavanagh and W. Strange(Eds.) Speech and language in the laboratory, school and clinic. MIT Press.

Bransford, J. D. and Stein, B. S. 1984 The ideal problem solver. W. H. Freeman and Company. 古田勝久・古田久美子(訳)《頭の使い方がわかる本》HBJ出版局 1990

Hanson, N. R. 1958 Patterns of discovery. Cambridge University Press. 村上陽一郎(訳)《科学理論はいかにして生まれるか》講談社 1971

Hempel, C. G. 1966 Philosophy of natural science. 黒崎宏(訳)《自然科学の哲学》培風館 1967

Lambert, K. and Brittan, G. G. Jr. 1979 An introduction to the philosophy of science, 2nd ed. Ridgeview Publishing Co. 吉田謙二(訳)《科学の哲学》晃洋書房 1982

Lindsay, P. H. and Norman, D. A. 1977 Human information processing, 2nd ed. Academic Press. 中溝幸夫・箱田裕司・近藤倫明(訳)《情報処理心理学入門》第2版 サイエンス社 1983

Neisser, U. 1967 Cognitive Psychology. Prentice-Hall. 大羽蓁(訳)《認知心理学》誠信書房 1981

西林克彦 1994《間違いだらけの学習論》新曜社

Popper, K. R. 1959 The logic of scientific discovery. Basic Books. 大内義一・森博(訳)《科学的発見の論理》恒星社厚生閣 1971

Popper, K. R. 1963 Conjectures and refutations. Basic Books. 藤本隆志・石垣壽郎・森博(訳)《推測と反駁》法政大学出版局 1980

Popper, K. R. 1972 Objective knowledge. Oxford University Press. 森博(訳)〈客観的知識〉木鐸社 1974

Rumelhart, D. E. 1977 Introduction to human information processing. John Wiley & sons. 御領謙(訳)《人間の情報処理》サイエンス社 1979

안다는 착각

1판 1쇄 인쇄 2025년 4월 28일
1판 1쇄 발행 2025년 5월 8일

지은이 니시바야시 가츠히코
옮긴이 박귀영
펴낸이 김영곤
펴낸곳 (주)북이십일 21세기북스

TF팀 팀장 김종민
기획편집 신지예 **마케팅** 이민재 정성은
편집 김화영 **디자인** design S
영업팀 한충희 장철용 강경남 황성진 김도연
제작팀 이영민 권경민
해외기획팀 최연순 소은선 홍희정

출판등록 2000년 5월 6일 제406-2003-061호
주소 (10881) 경기도 파주시 회동길 201(문발동)
대표전화 031-955-2100 팩스 031-955-2151 이메일 book21@book21.co.kr

ⓒ 니시바야시 가츠히코, 2025

ISBN 979-11-7357-245-6 (03800)

(주)북이십일 경계를 허무는 콘텐츠 리더

21세기북스 채널에서 도서 정보와 다양한 영상자료, 이벤트를 만나세요!
페이스북 facebook.com/21cbooks 포스트 post.naver.com/21c_editors
인스타그램 instagram.com/jiinpill21 홈페이지 www.book21.com
유튜브 youtube.com/book21pub

- 책값은 뒤표지에 있습니다.
- 이 책 내용의 일부 또는 전부를 재사용하려면 반드시 ㈜북이십일의 동의를 얻어야 합니다.
- 잘못 만들어진 책은 구입하신 서점에서 교환해드립니다.

편리한 인공지능 시대, 우리는 모두 불편한 인간지성 접종 대상자

모두 인공지능 백신 맞았는데 아무도 똑똑해지지 않았다

인공지능의 복사본이 될 것인가,
인간지성의 원본이 될 것인가?

유영만 지음 | 256쪽 | 19,800원

시대를 앞서간 천재 버트런드 러셀의 비판적 세상 읽기

생각을 잃어버린 사회

나를 둘러싼 세계에
끊임없이 질문을 던지는
날카로운 러셀의 철학!

버트런드 러셀 지음 | 장석봉 옮김 | 292쪽 | 19,800원

이렇게 계속 살아도 괜찮을까

마흔에 읽는 융 심리학

세계 최고의 융 권위자,
제임스 홀리스와 떠나는
자아 탐구 여정

제임스 홀리스 지음 | 정명진 옮김 | 380쪽 | 22,000원

헌법에서 시작되는 대한민국 외교정책의 재구성

헌법의 힘,
외교의 길

재편되는 세계 질서,
우리의 외교는
무엇이 되어야 하는가?

최종건 지음 | 252쪽 | 19,800원

비관마저 낙관한 두 철학자의 인생론

쇼펜하우어가 묻고 니체가 답하다

절망과 허무를 넘어 삶을 긍정한 두 사상가의 철학 수업

크리스토퍼 재너웨이 지음 | 이시은 옮김 | 박찬국 감수
468쪽 | 24,000원

끊어진 대화의 시대, 텍스트와 세상을 새롭게 읽는 법

기울어진 문해력

맥락을 잃어버린 이들에게 칼날 같은 시선을 찾아줄 책

조병영 지음 | 300쪽 | 19,800원